Cuatro textos autobiográficos latinoamericanos

Currents in Comparative Romance Languages and Literatures

Tamara Alvarez-Detrell and Michael G. Paulson
General Editors

Vol. 125

PETER LANG
New York • Washington, D.C./Baltimore • Bern
Frankfurt am Main • Berlin • Brussels • Vienna • Oxford

Silvia Berger

CUATRO TEXTOS AUTOBIOGRÁFICOS LATINOAMERICANOS

Yo, historia e identidad nacional en A. Gerchunoff, M. Agosín, A. Bioy Casares y O. Soriano

PETER LANG
New York • Washington, D.C./Baltimore • Bern
Frankfurt am Main • Berlin • Brussels • Vienna • Oxford

Library of Congress Cataloging-in-Publication Data

Berger, Silvia.
Cuatro textos autobiográficos latinoamericanos:
yo, historia e identidad nacional en A. Gerchunoff, M. Agosin,
A. Bioy Casares y O. Soriano / Silvia Berger.
p. cm. — (Currents in comparative romance languages and literatures; vol. 125)
Includes bibliographical references.
1. Authors, Spanish American—20th century—Biography. 2. Autobiography
3. National characteristics, Latin American. 4. Gerchunoff, Alberto, 1883–1950.
Entre Ríos, mi país. 5. Agosín, Majorie. Sagrada memoria. 6. Bioy Casares,
Adolfo. Memorias. 7. Soriano, Osvaldo. Cuentos de los años felices.
I. Title: 4 textos autobiográficos latinoamericanos. II. Title. III. Series.
PQ7081.3.B39   860.9'98'094—dc22   2003060618
ISBN 0-8204-6315-9
ISSN 0893-5963

Bibliographic information published by **Die Deutsche Bibliothek**.
Die Deutsche Bibliothek lists this publication in the "Deutsche
Nationalbibliografie"; detailed bibliographic data is available
on the Internet at http://dnb.ddb.de/.

The paper in this book meets the guidelines for permanence and durability
of the Committee on Production Guidelines for Book Longevity
of the Council of Library Resources.

© 2004 Peter Lang Publishing, Inc., New York
275 Seventh Avenue, 28th Floor, New York, NY 10001
www.peterlangusa.com

All rights reserved.
Reprint or reproduction, even partially, in all forms such as microfilm,
xerography, microfiche, microcard, and offset strictly prohibited.

Printed in Germany

A la memoria de mi padre,
A mi madre,
A mis hijos.

Índice

Agradecimientos ix
Introducción 1
    Los textos 2
    Género 5
    Criterios teóricos 7
        La historia 7
        El discurso 9
1. Alberto Gerchunoff: ideología 13
    Introducción 13
    La vida en Rusia 15
    Asimilacionismo, sionismo y liberalismo 16
    El nuevo mundo 20
    Del campo a la ciudad 26
    Ideología, discurso e identidad 28
2. Marjorie Agosín: memoria 35
    Introducción 35
    Movimiento inmigratorio en Chile 37
    Fotografías y poemas 39
    Leit-motifs 44
        Trenes 44

　　　　Paisajes, comidas, olores 45
　　　　Indígenas y cristianos 46
　　　　Gabriela Mistral 48
　　　　Anne Frank 50
　　　　Dios, Chile 52
　　Memoria y escritura 54

3. Adolfo Bioy Casares: clase social 59
　　Introducción 59
　　"Primera parte" y "Miscelánea de recuerdos" 60
　　　　Estanciero 60
　　　　Lector 64
　　　　Escribidor 65
　　　　Borges 68
　　　　Sur 69
　　　　Viajero 70
　　"Historia de mi familia" 72
　　"Historia de mis libros" 73
　　Aburrimiento 74

4. Osvaldo Soriano: política 79
　　Introducción 79
　　"Otoño del 53" y "Rosebud" 80
　　El padre 82
　　Perón y el peronismo 85
　　Cultura de pueblo y alejamiento definitivo 87
　　Un espacio diferente 90
　　Escritura 91
　　Responsabilidad y política 94

Conclusiones 97

Notas 109

Bibliografía 111

Agradecimientos

DESEO EXPRESAR mi agradecimiento a Smith College por su generoso apoyo financiero , así como también al Centro de Tecnología Informática de la misma institución.

Este proyecto no habría sido posible sin la dedicada revisión y el oportuno consejo de los profesores Angel Loureiro (Princeton University) y Nina Scott (University of Massachusetts) cuando inicié la investigación para mi tesis doctoral.

Las siguientes editoriales han otorgado permiso de reproducción:

Marjorie Agosín, *A Cross and a Star. Memoirs of a Jewish Girl in Chile*. University of New Mexico Press. 1995.

Adolfo Bioy Casares, *Memorias*. The Heirs of A. B. C. Tusquets Editores. 1994.

Osvaldo Soriano, *Cuentos de los Anos Felices*. The Heirs of O. S. Tusquets Editores. 1993.

Introducción

LA AUTOBIOGRAFÍA es un género literario que ha atraido gran atención durante los últimos años, tanto por parte del público como de la crítica literaria. En el primer caso, me refiero a la numerosa producción de este tipo de textos cuya oferta encuentra eco inmediato en el ávido interés de sus lectores. A nivel de la crítica literaria, las teorías sobre la textualidad, la redefinición del autor y los estudios culturales constituyen el apropiado marco teórico que ha inclinado la curiosidad hacia este tipo de texto y despertado el deseo de explorar sus elementos formales y de contenido. A pesar de que la literatura latinoamericana está plagada de memorias, autobiografías, diarios y cuadernos de apuntes personales, éstos, tradicionalmente, han sido escritos por políticos, ideólogos o líderes de masas. En mi estudio, yo me referiré a textos compuestos por escritores: creadores que han puesto su inventiva al servicio de géneros tales como la poesía, la narrativa o el drama y que, de repente, han sentido la necesidad de escribir acerca de ellos mismos.

En su introducción a *La literatura autobiográfica argentina* Adolfo Prieto plantea dos preguntas básicas para su análisis: "hasta qué punto puede aceptarse el valor testimonial de la literatura autobiográfica" y "de qué naturaleza es la literatura autobiográfica argentina" (9). Su punto de partida es que el valor testimonial es relativo y susceptible a reajustes. Además, de acuerdo a sus estudios de autobiografías decimonónicas, este crítico concluye que el interés en modificar la opinión pública, la búsqueda de prestigio y poder y la sensibilidad ante la alternativa éxito-fracaso son, entre otras, motivaciones más que evidentes en la concepción de estos textos.

Por su parte, Silvia Molloy en *At Face Value. Autobiographical Writing in Spanish America* observa que, en las autobiografías latinoamericanas que ella estudió, la fusión entre el yo individual y el grupal, cualquiera sea el grupo de pertenencia, es un hecho bastante frecuente. Al parecer, los autobiógrafos escritores consideran que su pertenencia a un grupo y la urgencia de cierta responsabilidad asumida como intelectuales son dos realidades constitutivas de su identidad individual. Este estudio tratará de investigar cuáles son los temas que estos escritores abordan al hablar sobre sí mismos.

Mi hipótesis es que los textos autobiográficos que veremos constituyen un caso particular de discurso en el cual la conciencia del escritor de pertenecer a un grupo, sea éste étnico, nacional, ideológico o de clase, es la base sobre la que se construye el texto. La historia personal representa y encarna la de otros, y tanto la política como la historia y la ideología se entremezclan y justifican la realidad de la escritura. En todo caso, lo personal deviene una estrategia literaria utilizada para hacer más verosímil lo que se lee, para escenificar el trasfondo ideológico y para asegurar el impacto del texto sobre el lector.

Los cuatro textos autobiográficos que estudio presentan problemas sumamente interesantes en cuanto no sólo a lo observado por Molloy y Prieto, sino también en lo que se refiere a la forma que adoptan, los temas que abordan y los interrogantes que plantean. Es oportuno aclarar que, en el contexto de mi enfoque, estos textos se ajustan a un tipo específico de ficción en el cual la historia personal del escritor funciona como la materia prima puesta al servicio de una pieza de intenso carácter creativo. Por otra parte, he llamado a estos escritos "textos autobiográficos" y no "autobiografías" porque, como se verá más adelante, varios de ellos no responden a los modelos tradicionales del género en cuanto al período vital que abarcan o a las voces que se entremezclan con la del yo narrativo autobiográfico.

LOS TEXTOS

EL CRITERIO QUE utilizo para acercarme a estos textos parte de los materiales, los personajes, la geografía física y humana y el tono general tal cual se presentan al lector. En el caso de Gerchunoff y Agosín, por ejemplo, el acento está puesto en su pertenencia a un grupo étnico determinado y en los logros, las dificultades y los interrogantes y / o las respuestas que dicha problemática genera: en ambos, todo gira alrededor de su identidad judía concebida en períodos históricos taxativamente acotados. En el caso de Bioy Casares y Soriano lo étnico no aparece en los textos, no es un tema que ellos pretendan plasmar o considerar. Lo que cobra importancia en estos dos casos es la pertenencia a una cierta clase social y la relación entre esa posición social, el estilo de vida que ésta conlleva y la cercanía o la distancia que deben o desean poner con el mundo circundante. Esto no debe llamar la atención: la diferencia entre la experiencia inmigrante y la nativa no podría ser más contrastante y, como consecuencia, más enriquecedora en lo literario.

Asimismo, aun cuando la mención a los textos de ficción de los autores en cuestión ha sido inevitable en algunos momentos, no es el interés ni el propósito de este estudio hacer consideraciones mayores ni comparaciones entre ellos y las autobiografías. En parte, porque la impronta y los materiales son muy específicos; pero también, debido a una disciplina de trabajo impuesta de antemano: concentrarse en la ficción de lo supuestamente "verdadero" o "real" cuando de ideología, proyecto o propuesta moral se trata.

Tres de los textos seleccionados se inscriben en los bordes de la estructura social: Alberto Gerchunoff es un emigrante judío de Rusia que llegó a Argentina con su familia en la última década del siglo XIX en busca de un lugar de residencia definitivo. Marjorie Agosín, hija de inmigrantes europeos en Chile, que huyeron empujados por los progroms en Rusia primero y el nazismo después, escribe sobre sus dificultades para encontrar y sentir verdaderas raíces en la Latinoamérica que tanto ama. Osvaldo Soriano, argentino de nacimiento, recrea parte de su infancia poniendo el acento en el sentido que tiene pertenecer a una familia de clase media baja involucrada en la vida política y social de su país en las décadas del 40 y del 50. Sólo Bioy Casares, también argentino nativo, escribe desde el centro: es descendiente de dos de las más antiguas familias propietarias de tierras en la rica provincia de Buenos Aires. Bioy representa los sentimientos y el escepticismo político característicos de los miembros de su clase. A su vez, y en relación a los autores mencionados, aparece como la metáfora de lo que los otros tres buscan: estabilidad y una historia latinoamericana que los preceda y les provea las raíces que no tienen. Una descripción individual y más detallada de estos textos servirá de introducción a cada uno de los capítulos que siguen.

La lectura de la autobiografía de Alberto Gerchunoff, *Autobiografía* (o *Entre Ríos, mi país*, titulo con el que también se la ha publicado) me sugiere varios temas para la investigación. La falta de elementos que tradicionalmente aparecen en una autobiografía (ser una obra de madurez, poner en escena lugares de la infancia, reproducir una lucha interior o conflicto generacional) produce un texto que se define por la negativa: lo que leemos no es lo estrictamente personal sino algo que envuelve y trasciende la historia privada.

Asimismo, hay un esfuerzo permanente dentro de la narración por mostrar cuán fácil y posible resulta la asimilación de un inmigrante a la nueva cultura, historia y tradiciones del país anfitrión. Sólo con mirar las crónicas y los periódicos de principios de siglo es posible advertir la fragilidad de esta descripción personal y social.

Además, la mención repetida de los textos que el autor considera fundadores de su educación, todos ellos de la tradición hispana, nos hace preguntarnos cómo un escritor judío que prácticamente acaba de llegar de Europa oriental y que se ha alfabetizado con textos bíblicos y talmúdicos logra asimilar, interpretar y amar dicha tradición literaria.

Finalmente, la relación que el narrador establece con la tierra, las descripciones que hace de ella y que parecen tomadas directamente de textos bíblicos, y la gratitud que experimenta al poder trabajarla y sentirla ligada a su destino parecen una experiencia más deseada que justificada históricamente.

Todo esto me hace pensar que Gerchunoff, más que un relato personal e íntimo, pone por escrito sus deseos, ideales y proyectos sociales para su grupo de pertenencia. Más aun, creo que el presentar sus sentimientos y pensamientos bajo la forma de una autobiografía subraya y da fuerza de testigo a su escrito. Al analizarlo quiero investigar cuáles son las motivaciones, a qué corriente de pensamiento se asocia y cuáles son los puntales políticos en que se apoya o que rechaza para dar forma a su empresa ideológica.

Continuando con la temática judeo-latinoamericana, el planteo de Marjorie Agosín en *Sagrada memoria* (o *A Cross and a Star. Memoirs of a Jewish Girl in Chile*, versión que usaré porque agrega a la versión castellana original una serie de poemas que cierran los capítulos como así también fotografías de la familia con sus correspondientes leyendas y fechas) es diametralmente opuesto al de Gerchunoff. Partiendo (el relato) de un núcleo estructural muy complejo de narrador y transcriptor, ya que la narración en primera persona es transcripción de los recuerdos de su madre, Agosín plantea una imposibilidad: imposibilidad de asimilación, imposibilidad de apropiarse constructivamente de la tierra anfitriona y vivir en paz y armonía e imposibilidad de definir una identidad compartida con el resto de la comunidad circundante.

Es muy importante este contraste, ya que los escritores e intelectuales judeo-latinoamericanos han estado dialogando, a veces, y enfrentándose violentamente, muchas otras, con el pensamiento y la ideología de Gerchunoff. Cuando se observa el panorama con la adecuada amplitud temporal se puede advertir que la búsqueda de una convivencia o de una tolerancia hacia esta imposibilidad está en el centro de los escritos de Mario Szichman, Alicia Steimberg, Gerardo Mario Goloboff y otros.

Memorias, el texto autobiográfico de Adolfo Bioy Casares, presenta una identidad personal ligada a dos elementos: la tierra, y su posesión, y la literatura, ya sea como lector o como escritor. La relación con la tierra que establece este texto contrasta con la de Gerchunoff, ya que no es gratitud lo que siente con respecto a ella sino sentido de posesión como una realidad indiscutible: el lugar propio que no podría ser ningún otro. Esta conexión con la tierra, que le viene de generaciones anteriores, es su carta de presentación, como persona y como parte de un grupo, en la sociedad bonaerense.

La literatura también se presenta como parte de este mismo arraigo tradicional: se siente provenir de lo gauchesco, pero no por su épica del campo y la idealización de la valentía o por la ridiculización del gaucho, sino por ser el terreno paradisíaco donde le es posible encontrar la propia historia personal y grupal.

La posesión o no posesión de la tierra es piedra de toque en el vocabulario ideológico y político de la Argentina; sin embargo, a Bioy no le interesa este aspecto, no muestra señales de culpa de clase ni preocupaciones de esta índole. Su identidad se manifiesta claramente a la luz de una ideología que sostiene la imposibilidad e inutilidad de buscar una coherencia política, lo cual confirma su identidad personal dentro del grupo social al que pertenece y con el que, por la mayor parte, comparte este punto de vista ideológico.

Contrariamente a Bioy, Osvaldo Soriano no rehuye el compromiso político ni es escéptico ideológicamente, sino que describe y revisa la historia reciente desde un punto de vista personal y eminentemente vivencial. En *Cuentos de los años felices*, cuya primera parte "En nombre del padre" reúne una colección de estampas de sus recuerdos de infancia y juventud, Soriano se dedica a componer lo que yo llamaría su experiencia personal de la historia argentina reciente, especialmente del primer peronismo.

Ilusión y desilusión de ciertos valores morales e intelectuales parecen informar la construcción de su texto. El propósito estratégico de Soriano ya no es hacer creer al lector que lo que está leyendo es verdad o verdad retocada; su interés es hacer un llamado a su conciencia moral. El temperamento central de su escrito es la reescritura de la historia en términos de experiencia personal y de búsqueda de un principio moral.

GÉNERO

COMO MENCIONÉ más arriba, este trabajo establece una diferencia entre los términos autobiografía y texto autobiográfico. El género "autobiografía" tiene un formato bastante establecido y aceptado: es la reconstrucción de la vida del narrador a través del relato cronológico de los acontecimientos que la poblaron. En este tipo de texto hay gran énfasis en los datos y la estructura en que se presentan y en la interpretación que de ellos ofrece el autobiógrafo. Un texto autobiográfico, en cambio, posee mayor flexibilidad y puede adoptar la forma de otro género, como la estampa, el poema o prosa poemática o el relato de aventuras: en cualquiera de estos casos, el autor ha incluido, en mayor o menor medida, hechos, experiencias, modalidades familiares, etc. que se parecen, con diferentes grados de exactitud, a los de su propia vida. El texto autobiográfico, por lo tanto, adopta también, aun cuando sea en parte, el formato del género autobiográfico mismo, pero el orden, el segmento temporal o las voces que incluye varían notablemente.

De los cuatro casos que nos ocupan, sólo uno, *Memorias* de Bioy Casares, responde formalmente al modelo de la autobiografía. Es una obra de madurez en la que el autor completa una descripción de su vida comenzando por su nacimiento y desembocando en la persona que se ha puesto a escribir y que se materializa a los ojos del lector en el momento de hablar sobre su vida. En los casos de Alberto Gerchunoff, Marjorie Agosín y Osvaldo Soriano, ubicados en los márgenes de la trama social, sus textos se separan del modelo de Bioy. El problema del momento de la escritura es conflictivo: de acuerdo a las fechas de composición, las tres son obras de juventud o adultez joven. A su vez, el tiempo de lo relatado es limitado: Agosín transcribe la historia de su madre hasta el matrimonio de ésta con el padre de la autora; Soriano toma solamente un lapso de 8 años, aproximadamente de los 6 a los 14; y Gerchunoff consagra su relato a la experiencia gaucha y a su ascenso profesional. Las situaciones de estos autobiógrafos parecen, por momentos, más importantes que ellos mismos: los autores resultan testigos privilegiados de su propia vida y de la de otros que los preceden y los envuelven, aunque esto no impide, sin embargo, que los protagonistas ocupen un lugar central en la atención del lector.

Sin dejar de lado estas diferencias sino, muy por el contrario, aprovechándolas, este trabajo considera los textos seleccionados retazos autobiográficos pasibles de ser analizados e interpretados como cualquier autobiografía que formalmente respondiera a tal clasificación. Es evidente que tres de los cuatro autores han encontrado otra manera de escribir sobre ellos mismos y, en todo caso, nos atenemos a esta iniciativa formal: encaramos el análisis sobre la base de lo que el material es, es decir, una reunión de elementos histórico-personales regidos de acuerdo a un criterio que, al menos desde el punto de vista del autor, informa y da forma a una estructura y a un significado coherente. Además del uso del tiempo interno y externo, el otro elemento decisivo de la escritura autobiográfica es la memoria. Supuestamente, para poder seleccionar y ordenar los contenidos del relato, el autobiógrafo debe recurrir a esta facultad de la mente sin la cual el proyecto entre manos carecería de asidero. Sin embargo, es la concepción de este estudio que el problema debe encararse en forma opuesta: en los textos que presentamos para el análisis, y a causa de que parecen construidos a partir de ciertos episodios cuidadosamente seleccionados y no de todos, no es tan importante lo que los autobiógrafos recuerdan como lo que no pueden olvidar o han decidido no olvidar. Son textos que giran alrededor de obsesiones, sean éstas ideológicas, políticas o morales, que por alguna razón han debido pasar al papel y, a través de él, al lector. Son estas obsesiones del presente de la escritura las que controlan, definen y organizan el material y no a la inversa. Esto es lo que cuenta realmente en el momento de la escritura autobiográfica. Gusdorff piensa que la autobiografía es capaz de mostrar "el esfuerzo de un creador para dotar de sentido a su propia leyenda" ("Condiciones y límites de la autobiografía" 17), y relega la importancia de su valor histórico a un segundo plano. Sin duda, el hecho de trabajar con materiales tan específicamente seleccionados nos hace inferir que el texto tiene menos que ver con la historia lineal que con la jerarquía conferida a esos materiales. Concurrentemente, Olney agrega que esta búsqueda de coherencia es sólo, y exclusivamente, una necesidad del presente del autor ya que "en la vida real nadie logra vivir plenamente acorde a un carácter coherente y profundo" ("Algunas versiones de la memoria" 45). En otras palabras, en los casos que nos ocupan, los cuatro autores tienen establecidos implícitamente ciertos asuntos prioritarios a tratar, los que justifican, dotan de sentido y organizan coherentemente el desarrollo del texto que dará cuenta de los mismos. Lo que tenemos entre manos es una trama textual intrincada y compleja en la que un determinado material histórico, tanto personal como grupal, y un proyecto discursivo específico se conciertan al unísono.

CRITERIOS TEÓRICOS

La historia

Aceptando, entonces, que las formas que adoptan los textos autobiográficos suelen provenir de otros géneros y que, por lo tanto, están sujetas a las reglas de construcción que gobiernan dichos géneros, podemos afirmar que aquellos resultarán de la combinación de varios componentes formales. Una de esas formas es, indudablemente, la que preside las narrativas históricas cuyo elemento básico es el dato. Como señala Hayden White en *Tropics of Discourse*, en términos historiográficos, los datos son los hechos que el historiador reúne en un conjunto al que pretende organizar en un todo coherente en base a ciertos criterios explicativos. Los datos, entonces, constituyen la materia prima con la cual se elabora la crónica, o sea, la enumeración organizada del material en cuestión. Sin embargo, no toda crónica selecciona los mismos datos ni toda crónica desemboca obligatoriamente en un relato: para que esto suceda es necesario encuadrarla en un tipo de operación que este crítico denomina "emplotment" (*Tropics* 83), es decir, la codificación y acomodación de los componentes de acuerdo a un cierto tipo de argumento o de relato. White considera que estos diferentes tipos de relatos no se modelan sobre la base de otros textos históricos sino, en realidad, sobre los géneros tradicionalmente considerados de ficción. Afirma que los textos históricos son

> verbal fictions, the contents of which are as much "invented" as "found" and the forms of which have more in common with their counterparts in literature than they have with those in the sciences (*Tropics* 82).

Esta concepción de los aspectos literarios intervinientes en el relato histórico resulta muy útil a la hora de considerar los aspectos "verdaderos" que esperamos encontrar en un texto autobiográfico. No es que pretendamos en este trabajo desestimar la crónica sino todo lo contrario. La crónica es, en definitiva, la suma de los hechos que se ha decidido incluir en la narración autobiográfica; pero consideramos, al mismo tiempo, que la organización de esos hechos implica una elección en cuanto al tipo de historia a contar.

Por ejemplo, Alberto Gerchunoff confecciona su relato en base a escenas o momentos en los que predomina la acción: hay movimiento, viajes, cambios de escenario, encuentros inesperados y desastres familiares que interfieren o promueven las actividades y proyectos del narrador. Habrá muchos momentos en la vida de toda persona en los que domina el azar o el cambio. Lo que tenemos acá, sin embargo, es una historia contada sólo o predominantemente, a partir de este tipo de elementos, como en una novela de aventuras. Al mismo tiempo, las andanzas del protagonista revelan mucho más que una historia personal: el suyo es el destino de muchos emigrantes europeos en Latinoamérica, signados por las políticas discriminatorias de sus lugares de origen y la propaganda inmigratoria de países jóvenes en busca de crecimiento poblacional, tecnológico e intelectual. En este sentido, el texto se acerca también a cierto tipo de novela histórica en las que las pequeñas vidas resultan una posible manifestación de movimientos sociales más amplios.

El formato del Künstlerroman, o novela de artista, está presente en el texto de Bioy Casares. Somos testigos del proceso de crecimiento del artista hasta que llega a un estado presente de madurez desde el cual el narrador señala y ratifica un sentido de búsqueda pero también, y muy importante, de destino implícito desde el comienzo del relato.

El recorte de tiempo que se elige también tiene una función estética. El texto de Osvaldo Soriano, como ya señalamos, toma un período restringido de la vida del autor regido, principalmente, por un personaje específico de la historia política de su país. Esto nos haría pensar que, por ejemplo, este personaje constituye uno de los temas que el protagonista no puede olvidar, razón por la cual ha seleccionado episodios de la propia vida que, directa o indirectamente, lo incluyen. Al mismo tiempo, la narración muestra cómo las condiciones sociales determinan en forma directa el tipo de vida, los sueños y los problemas del protagonista. Como en muchas novelas sociales, los lectores recibimos a lo largo de la lectura, sea explícita o implícitamente, una elaborada tesis de cuáles son los problemas que nos aquejan como comunidad y qué respuesta, si hay alguna, podemos darnos a nosotros mismos.

Finalmente, el punto de vista es otra variable interesante. En el caso de Marjorie Agosín, los datos provienen de otro miembro de la familia mientras que el análisis de las emociones y las reflexiones que se ofrecen pertenecen a la escritora. El juego de punto de vista puede haber sido utilizado para conferir al texto tanto multiplicidad como apertura.

Aplicando las ideas de White con respecto a los relatos históricos, se puede afirmar que estos autobiógrafos "sought out different kinds of facts because they had different stories to tell" (*Tropics* 85). Y éste es un concepto básico en este estudio: contarse a sí mismo puede encarnarse en diversas formas estéticas para diferentes autobiógrafos o para el mismo autobiógrafo en diferentes momentos de su vida. El momento de la escritura encuentra al narrador en una determinada encrucijada de su vida (ya que puede sentirse al final de un recorrido o en el medio del trayecto), de modo que la visión de sí mismo no es una abstracción inmanente sino una realidad temporal y cambiante. La historia que quiere contar está motivada por y en el presente en el que escribe, es decir, el tiempo de la narración define la perspectiva. Este tiempo es, obviamente, diferente al de lo que relatado o, en otras palabras, el tiempo de lo narrado es aquello que constituye la obsesión o lo que no se puede olvidar.

El hecho de decidirse a contar la propia vida, por otra parte, debe entenderse como un proyecto con valor propio. Es muy posible que exista una multiplicidad de factores que empujen a un individuo a pensarse de una cierta manera y en un cierto momento. Pero, de pensarse a escribirse hay un largo trecho. Por otra parte, no sabemos si estos autores escribieron piezas literarias, notas, diarios, etc. que luego no publicaron o que fueron expresamente escritas para no ser publicadas. Pero los textos que dan motivo a este trabajo fueron dados a conocer con la intención de que llegaran a un lector. Esta decisión tiene que ver con la conciencia por parte del escritor del poder comunicativo de la palabra escrita y del impacto que ésta puede tener en el lector.

Además del aspecto formal histórico-narrativo que venimos observando en estos textos autobiográficos, se hace evidente la necesidad de examinar su plasmación discursiva, es decir, los elementos que, provenientes de diversas tradiciones o ideologías, se funden en un nuevo producto original, específico y personal.

El discurso

Foucault sostiene que lo que aceptamos como verdad debe ser entendido como un sistema de procedimientos que, ordenados de una cierta manera, logran la producción, regulación y circulación de lo que se afirma en ella. Una de las características más salientes de este sistema es que, en una sociedad como la nuestra, la verdad se transmite "under the control, dominant, if not exclusive, of a few great political and economic apparatuses (university, army, writing, media)"("Truth and Power" 73). Esta verdad, a su vez, se concibe como un mundo autosuficiente capaz de neutralizar contradicciones, o, al menos, incorporarlas en un todo, a través de un repertorio de imágenes, léxico y estructuras.

El poder de la escritura para crear mundos autosuficientes es lo que se ha puesto en funcionamiento también en la concepción de los textos autobiográficos que nos ocupan. Ya hemos mencionado la necesidad de coherencia manifiesta en la escritura autobiográfica, aun cuando esta coherencia fuera temporal y reflejara exclusivamente el momento presente de la escritura. Lo más importante de esta idea es justamente que al leer somos testigos de la puesta en marcha de esta capacidad de producción de realidades específicas y armónicas. Más aun, Foucault considera que el individuo creado en los textos y el conocimiento que podemos tener de él se lo debemos a la capacidad de producción de determinadas certezas de, en nuestro caso, la escritura. Tanto la selección de los datos a utilizar como la autoridad que confiere la narración en primera persona otorgan a la historia la tan valorada verosimilitud de todo texto que pretenda ser realista. Con respecto a los datos, es evidente que a través de la manipulación del material "the text produces a kind of truth and this one seems to be at the base of the text"("Truth and Power" 74). Esta verdad del material antes del material mismo suele proceder de varios y variados bancos discursivos.

En el caso de Gerchunoff, las fuentes no podrían estar más alejadas una de la otra. Como se verá en el capítulo correspondiente, los discursos liberales y nacionalistas argentinos de los siglos XIX y XX sientan la base sobre la que se apoyará el autor para justificar y afirmar su presencia en el país. Por otro lado, las imágenes bíblico-mitológicas del origen le permiten crear un diseño circular imaginario según el cual el proceso inmigratorio pone punto final a un derrotero de errancia.

Tanto Gerchunoff como Bioy Casares parecen ser, de entre los cuatro autores, los que expresan una concepción moderna de la vida. Si Gerchunoff ha terminado con la errancia, Bioy ha llegado a ser lo que estaba signado en su destino y en sus acciones desde la hora cero. El movimiento ascendente y hacia adelante está presente en ambos textos. Bioy se apoya extensa y primordialmente, en la tradición lectora argentina: lo gauchesco, lo exótico y lo internacional. No sólo veremos que la literatura oral y escrita es parte esencial de su formación y derrotero, sino también que el narrador se incluye en un devenir del que es partícipe creador y producto final al mismo tiempo. Su lucha interna para encontrar un esquivo estilo personal (a fuerza de acercarse y alejarse de la tradición) se desenvuelve paralelamente a su lucha externa, es decir, la batalla que el escritor debe pelear dentro del mundillo literario y editorial de su momento. El vocabulario, el imaginario colectivo de las diferencias de clase a los que apela y el deseo de desmarcarse de ambos elementos subrayan su pertenencia y su deuda con esa tradición.

Agosín, por su parte, apoya su narración en la visión desesperanzada de la literatura posterior al holocausto. La prosopopeya aparece como la figura retórica que se observa con más frecuencia en la abundante producción sobre este tema. Dar voz a los que no están a través de la reconstrucción de una experiencia de la que se sabe bastante pero que no se ha vivido es, sin embargo, una tarea esquiva. La intención es servir de testigo o mensajero de un hecho que, por sus características, se le impone al narrador y, volvemos a insistir, no puede olvidar. El sentimiento de responsabilidad frente al propio grupo, y frente a la comunidad universal, es la motivación y el concepto organizador de estos textos. Pero más importante aun es la responsabilidad frente a los muertos. Según James Hatley, debe existir una evolución interna que le permita al ahora testigo-narrador no solamente "utter a truth 'about' the victim but also remain true 'to' her or him" (3). Esta es claramente la empresa que Agosín se ha impuesto, lo cual explica la audacia narrativa de contar la historia de otro para luego expresar las reacciones que esa historia genera en la propia narradora.

Osvaldo Soriano comparte con Agosín esta urgencia de hacerse responsable por lo que sucede a su alrededor. Su impronta histórica está enraizada en la corriente literaria de la novela histórica, con ciertas particularidades rioplatenses de los últimos 20 años. Escritores como Tomás Eloy Martínez, Andrés Rivera y Mempo Giardinelli, por ejemplo, se han concentrado en la historia reciente de Argentina, especialmente, en la que tiene que ver, directa o indirectamente, con el peronismo. En algunas de sus obras predomina la crítica abierta, en otras, la desilusión y el desasosiego. Utilizando diferentes voces y estilos narrativos, las novelas de estos escritores se aproximan a las vidas de Perón y de Evita a través de la combinación de información, investigación y experiencia, cuyo resultado es siempre una lectura diferente, no oficial, de esos personajes decisivos. Los personajes de ficción de estas novelas aparecen codo a codo y en íntima relación con los históricos, pero el lector no pierde de vista en ningún momento la crítica social y la artificialidad metafórica del ensamblaje narrativo de los personajes. De modo que la temática no constituye la originalidad central del trabajo de Soriano; por el contrario, su texto recrea y repite el conjunto de perspectivas y sentimientos que están presentes en los ámbitos literarios y no literarios de la intelectualidad argentina. Lo que sí lo distingue del resto es, precisamente, el ser autobiográfico. No es la vida de cierto personaje inventado, que puede representar o no la de los lectores, sino la vida del narrador mismo en primera persona lo que conduce el texto. Y esto, nuevamente, es lo que confiere y refuerza la autoridad del texto: una obra de crítica moral y social desde la experiencia personal.

Al analizar cada una de las obras seleccionadas vamos a describir más en detalle los materiales discursivos de los que los autores echan mano para componer sus textos. Lo que, a su debido tiempo, resultará una confirmación de que, aun en textos aparentemente íntimos, la escritura deberá, si pretende ser comunicativa, hacer uso de los materiales verbales en circulación en una determinada comunidad de lectores y escribas.

CAPÍTULO 1

Alberto Gerchunoff

IDEOLOGÍA

INTRODUCCIÓN

ALBERTO GERCHUNOFF (Rusia,1883–Argentina,1950) escribió su *Autobiografía* en 1914 como una extensa introducción a un trabajo más largo que intituló *Entre Ríos, mi país* mientras estaba en Europa como delegado argentino en misión oficial en la Feria del Libro en Leipzig. Lázaro Liacho sostiene que el propósito de Gerchunoff al escribirla era "denunciar ante el público europeo la rehabilitación humana que el judío experimentó en suelo argentino" (74). Si bien esta motivación justificaría ampliamente la riqueza de este texto, creo que la apretada descripción que de la vida de su autor se nos presenta en él contiene una serie de elementos que expanden y enriquecen esta apreciación de Liacho.

Lo que llama poderosamente la atención en este escrito es su falta de conformidad con las reglas implícitas de la autobiografía tradicional. Siguiendo la caracterización de María Antonia Alvarez (439–440) yo diría que ésta es una autobiografía que se define, en su mayor parte, por la negativa: no es una obra de vejez, ni mucho menos de madurez, no plantea ningún conflicto familiar o generacional, no hay un choque entre la realidad interior y la exterior, no toma un acontecimiento del pasado que se resuelve o no en el presente. Tampoco la podemos categorizar como una apología o un testimonio, aunque esta última forma narrativa parece imponerse a primera vista. De la misma manera, no es posible encuadrarla en el esquema de la memoria, porque no son estrictamente acontecimientos públicos lo que se nos cuenta. Tenemos una primera persona narrativa, un nacimiento y un periplo espacial y temporal y el autor es una persona conocida, pero no hay mayormente descripciones de una interioridad cuya experiencia y superación haya definido o cambiado el curso de la vida del narrador. Voy a empezar por detallar estas observaciones.

Como dijimos, Gerchunoff escribió su *Autobiografía* en 1914, cuando apenas tenía 30 años. Con respecto a esto, es importante señalar que, para esta fecha, ya había publicado en 1910 su obra más famosa, *Los gauchos judíos*, como aporte a los festejos del centenario de la Revolución de Mayo; además, por estos años era periodista estable del diario "La Nación", el más grande en ese momento. De modo que la autobiografía es una obra de juventud cargada más de presente y futuro que de pasado, como veremos más adelante.

Con respecto al posible punto decisivo del devenir de una vida no existe a nivel estrictamente personal. La crisis, si podemos llamarla así, es grupal: la comunidad judía de un pueblito ruso lleva una vida de penurias en ese ámbito de extremas limitaciones y emprende un viaje sin retorno al nuevo mundo. De la misma manera, si bien hay recuerdos de infancia, no hay un conflicto o evento de esa infancia o juventud que acompañe al narrador y organice, por resolución o no de ese conflicto o evento, la multitud de elementos que recorre la narración.

Por último, y quizás lo más llamativo, no hay interioridad en este yo narrativo. Como apunta Perla Rosenstein en su "Nota introductoria" al texto de Gerchunoff, "el yo narrador no hace un desarrollo de su interioridad, y por consiguiente permanece externo a los acontecimientos y externo a sí mismo" (13). Sí hay sentimientos de alegría, frustración o tristeza, pero no están planteados como parte de una lucha o un esfuerzo interiores, sino como resultado evidente de las condiciones sociales en las que se mueve el autobiógrafo como parte de un grupo.

La *Autobiografía* es un texto corto de unas cincuenta páginas dividido en cuatro partes, de las cuales la primera está dedicada a su vida en Rusia y las tres restantes a su experiencia argentina. El relato es lineal, siguiendo las alternativas de la vida de la familia, y las descripciones son directas y sencillas. En las últimas dos páginas de la cuarta parte se dedica a explicitar sus ideas principales en cuanto a la asimilación, el antisemitismo y la integración de los judíos a la vida argentina. Por las observaciones señaladas hasta ahora, lo que se impone es un análisis del texto de Gerchunoff con el objetivo de dilucidar los puntos de apoyo entramados en la concepción de este texto autobiográfico.

LA VIDA EN RUSIA

CUENTA GERCHUNOFF que nació en 1883 en Proskuroff, un apartado pueblito ruso y que a la edad de tres años se mudó con su familia a una pequeña ciudad de provincia, Tulchin, que contaba con un cierto nivel de urbanización. La descripción de esta ciudad es categóricamente negativa: es un lugar sórdido, apagado, donde en invierno el sol apenas aparece y donde no hay alumbrado ni aceras. Gerchunoff no da detalles de los motivos de esta mudanza; sin embargo son importantes. Durante las dos últimas décadas del siglo XIX, las medidas antijudías del gobierno ruso se incrementaron sensiblemente: el asesinato del Zar Alejandro II y las dificultades económicas por las que atravesaba el país dieron lugar al fácil recurso de utilizar al judío como chivo emisario y a hacer de su presencia el factor responsable de todas esas penurias. Entre las medidas mencionadas, se les prohibió vivir en zonas rurales o en las afueras de las ciudades, comprar tierras en dichas secciones, trabajar los domingos e ingresar a las universidades una vez superado el numerus clausus que se reducía de año a año. A medida que estas restricciones se fueron poniendo en práctica y que la fuerte ola de antisemitismo culminó en los pogroms de 1881 y 1882, muchas familias judías empezaron, tímidamente al principio y con verdadera urgencia más tarde, un flujo emigratorio que habría de prolongarse por varias décadas.

La figura del padre cobra importancia por sus cualidades personales y por la influencia decisiva que tiene en la elección del país de inmigración. Gerchunoff lo describe así:

> De estatura mediana, volcaba hacia atrás una espesa cabellera, negra y luciente; su rostro tranquilo, sus ojos tristes y hondos daban, con la barba rabínica, la impresión de la vieja figura judía de los cenáculos rabínicos. (23)

Esta referencia al padre como una figura cuasi bíblica no es un simple detalle porque también el paisaje argentino, en contraste con el ruso, se va a impregnar de esta cualidad sagrada.

Es el padre quien introduce la idea de emigrar a la Argentina. Este hombre culto e informado había seguido al detalle la información que acerca de las posibilidades de vida en Argentina aparecía asiduamente en los periódicos locales judíos, como "Hatsefira" de Varsovia, que hace mención al país sudamericano ya en 1884. La información provenía de dos fuentes: la propaganda de emigración a las colonias agrícolas argentinas del barón de Hirsch, que se había propuesto resolver el problema que aquejaba a las comunidades judías de Rusia y Rumania, y la propaganda de inmigración del gobierno argentino. Gerchunoff recuerda que el padre le dijo entonces: " . . . en la Argentina, trabajaremos la tierra, comeremos pan de nuestro trigo y seremos agricultores como los antiguos judíos, los judíos de la Biblia" (27).

Desde el comienzo Gerchunoff elige una posición con respecto a diferentes, y muchas veces divergentes, planteos ideológicos y proyectos sociales que circulaban a fines del siglo XIX y comienzos del XX en relación a la situación de las comunidades judías de Europa oriental, posición que subraya a través del relato de los diferentes momentos de su vida. Lo que es importante anticipar es que el autor tiene un proyecto y que el relato autobiográfico está organizado para mostrar y convencer al lector de la validez de ese proyecto. Para comprender la complejidad y variedad de las ideas en que Gerchunoff se apoya, o que descarta, es necesario ahora hacer una pequeña digresión y pasar revista al contenido pragmático de la obra filantrópica del barón Hirsch, a las divergencias de este programa con respecto a la ideología sionista de Theodor Herzl y al propósito político-económico del gobierno argentino.

ASIMILACIONISMO, SIONISMO Y LIBERALISMO

MAURICE DE HIRSCH fue el absoluto responsable y promotor entre los judíos de Europa oriental del proyecto inmigratorio a la Argentina. Magnate y financiero, había amasado su fortuna gracias a la construcción de gran parte de las líneas ferroviarias rusas y, preocupado por la situación de las comunidades judías en Rusia ante la ola de antisemitismo durante la década del '80, imaginó la posibilidad de reubicar a estas comunidades fuera de Europa. Su ideal tenía como principio la vuelta a la tierra, el trabajo físico y la convivencia en un país anfitrión en el que la inmigración fuera aceptada y estimulada. El resultado buscado era la integración, primero, y la total asimilación después, de estas comunidades judeo-rusas a la sociedad argentina. Con el propósito de realizar su programa en 1891 fundó la Jewish Colonization Association (JCA), sociedad filantrópica cuyo objetivo era la organización, planeamiento y puesta en marcha del traslado de las comunidades pobres de Rusia a la Argentina. Hasta ese momento, la emigración judía había sido una decisión eminentemente individual, pero con la creación de JCA ocurre por primera vez un fenómeno inédito en la historia de los desplazamientos geográficos del pueblo judío: el traslado es grupal, organizado y financiado por una agencia dedicada exclusivamente a tal efecto, lo cual debería haber garantizado el éxito de la empresa.

Hirsch no era ni visionario ni idealista, sino pragmático: debía darse solución a la situación económica, social y religiosa de las comunidades de Europa oriental. Como afirma Judith Elkin, la idea motora de Hirsch era lograr la regeneración moral y física de los judíos a través de la vuelta a la tierra y a la agricultura (107).

Sofer cita parte del informe sobre las familias instaladas en las colonias preparado por uno de los representantes de Hirsch en la Argentina, David Feinberg:

> I recognized them no longer. It was not the lean and pitiful-looking Jew, with hollow cheeks and bent shoulders, . . . with a visage full of indefinable expression of sadness and constant care; The free and healthy care of the country, physical labour and etc., have completely transformed them. (2)

Esta descripción, ideal e idealizada como veremos luego, es muy similar a la que nos ofrecerá Gerchunoff más adelante en su relato.

Pero había otra postura con respecto al problema judío y su solución circulando por Europa al mismo tiempo que el barón Hirsch realizaba su obra: el sionismo, cuyo ideólogo fue Theodor Herzl, periodista de profesión. La idea de crear un hogar nacional judío como único camino para terminar con el antisemitismo empieza a germinar en la mente de Herzl luego de ser testigo de lo ocurrido en Francia con el caso Dreyfus. En su seminal artículo "The Jewish State" (*Theodor Herzl. A Portrait for this Age* 233–303), que luego sirvió de plataforma para todo el movimiento sionista mundial, explica que, primeramente, los judíos conforman un pueblo y no una religión y como tal debe tener un lugar físico en el planeta como el resto de los pueblos. Además, niega que la asimilación sea una respuesta, no sólo porque es obvio que ha fracasado sino porque, principalmente, el antisemitismo mismo la impide. Con respecto al plan de Hirsch, Herzl considera que la colonización es un error porque resulta en una infiltración artificial en un nuevo territorio y promueve más antisemitismo. Asimismo, considera que la vuelta a la agricultura es otro gran error de la JCA, porque el mundo va hacia la industrialización y el programa resulta anticuado e inapropiado para los tiempos que corren. Dentro de este contraste entre las dos opciones, Gerchunoff desconfía del proyecto sionista; más aun, lo descarta completamente durante los años en que escribe su autobiografía. Hacia la década del '40 revisará sus ideas y se avendrá, incluso, a apoyar la creación del Estado de Israel.

Con respecto al proyecto político-económico del gobierno argentino, empecemos por señalar que para 1880 la ciudad de Buenos Aires se convierte en la capital del país, la conquista del desierto (1878–79) está terminada y las tierras que pertenecían a los indios pasan a manos de los terratenientes. El ideal sarmientino de terminar con la barbarie se ha cumplido en su primera fase y ahora es necesario poner en marcha la segunda parte del plan liberal alberdiano:

poblar y educar, o sea, promover el crecimiento demográfico y el desarrollo técnico e intelectual.

Domingo Faustino Sarmiento (1811–1884), intelectual liberal que vivió en el exilio durante el gobierno de Rosas y luego fue presidente de Argentina, escribe en 1845 *Facundo. Civilización y barbarie*, obra en la que expone sus ideas fundamentales y que constituyen las bases del liberalismo argentino. Allí sostiene que " . . . el mal que aqueja a la República Argentina es la extensión; el desierto la rodea por todas partes . . . la soledad, el despoblado sin una habitación humana . . . el horizonte siempre incierto" (11). El otro problema, claro, es el gaucho, el habitante esporádico y natural, de estas grandes extensiones. Para Sarmiento, la combinación de la soledad, la extensión y las estrategias de supervivencia que esto acarrea, dieron lugar a la conformación espiritual del gaucho. Esta lucha solitaria contra la naturaleza lo hace indómito, desconfiado y altivo: "[l]a vida del campo, pues, ha desenvuelto en el gaucho las facultades físicas, sin ninguna de las de la inteligencia . . . es fuerte, altivo. Sin ninguna instrucción . . ." (20). De modo que lo que Sarmiento propone en su proyecto liberal-nacional es atraer a la inmigración europea para promover el desarrollo de una economía moderna en estas inmensidades y para "mejorar" la configuración espiritual e intelectual del gaucho. En este mismo contexto, la educación formal cumpliría la doble función de "instruir" al gaucho y asimilar al inmigrante.

Juan Bautista Alberdi (1810–1884), por su lado, durante su exilio en Chile prepara en 1852 un pequeño librillo que servirá de base para la elaboración de la Constitución Nacional y en el que demuestra la importancia de favorecer la inmigración europea para poblar esas vastas extensiones y promover el mejoramiento de las costumbres y educación de ese gaucho, acostumbrado a la vida libre, independiente y solitaria. En la frase que lo hizo famoso, "gobernar es poblar", está contenida la propuesta de Alberdi ampliada y explicada extensamente en este trabajo. Allí sostiene que, para constituirse en una nación, la Argentina debe tener población, construir caminos y navegar sus ríos; en otras palabras, apunta a la modernización e industrialización del país. Afirma que "Europa nos traerá su espíritu nuevo, sus hábitos de industria, sus prácticas de civilización, en las inmigraciones que nos envíe" (*Bases* 59). En otro apartado, "Plan de inmigración", propone no dejar la inmigración librada a la decisión individual o voluntaria, sino estimularla con planes concretos y beneficios explícitos para el extranjero (62). Los beneficios van desde las facilidades económicas y aduaneras hasta la libertad religiosa. Este último punto es muy importante porque, si bien surge para dar lugar a los colonos ingleses y permitirles la práctica del protestantismo, tendrá importancia más tarde en la aceptación de otras corrientes religiosas no cristianas.

El objetivo es crear una economía moderna, dinámica y estable enlazada con la realidad expansiva europea. Para poblar el país se considera una política inmigratoria que atraiga a trabajadores europeos calificados o semicalificados, a los que se les brinda la protección y la libertad que estableciera la Constitución Nacional de 1853, en la cual leemos que "[el] Gobierno Federal fomentará la inmigración europea" para recibir a " . . . los extranjeros que traigan por objeto labrar la tierra, mejorar las industrias e introducir las ciencias y las artes" (Onega 5). La propaganda inmigratoria argentina se realizó a través de emisarios del gobierno asignados expresamente para trabajar en conjunto con los consulados y otras dependencias económicas y culturales ya en funcionamiento en las principales ciudades europeas. Toda la política liberal de las dos últimas décadas del siglo XIX está basada en el espíritu optimista de progreso indefinido, de inserción en la economía mundial y de educación para todos. Como anota Shumway, la ejecución del programa en general está dominado por una *intelligensia* que intenta construir una versión de Europa en Argentina, en la que el intercambio económico y humano permita la creación de una sociedad moderna (164).

Se produce, entonces, una enorme afluencia de trabajadores inmigrantes, especialmente italianos y españoles y, en menor medida, polacos, rusos, alemanes, franceses e ingleses, que se instalan, según sus habilidades y recursos, ya sea en el campo para desarrollar tareas agrícolo-ganaderas o en la ciudad de Buenos Aires para incorporarse a la incipiente industria nacional.

Este nuevo enfoque de la organización del país trae aparejada la desaparición del gaucho, tal como es entendido hasta ese momento: ese individuo, para Sarmiento, independiente, solitario, valiente, pero también irresponsable, vago y, muchas veces, asesino. Este gaucho, pastor de oficio, se transforma en un agricultor o un ranchero que, a causa de la promoción de la agricultura y la ganadería, se afinca en un determinado lugar para trabajar. Las grandes extensiones de la pampa argentina se van achicando, cercando y transformando en terrenos productivos de la nueva economía liberal. Si bien la mayor parte de esos espacios tenía ya propietarios locales, que son los que conforman la oligarquía bonaerense, quedaron secciones en las que se establecieron colonias agrícolas de diferentes comunidades.

Las ideas del asimilacionismo, del sionismo y del liberalismo que acabamos de reseñar se entraman en el texto autobiográfico de Gerchunoff dando lugar a un diseño de identidad que el autor propone para su grupo de pertenencia. Veremos también que en esta trama Gerchunoff se dirige especialmente a los argentinos judíos y no judíos. Esta autobiografía, insisto, más que una descripción de una identidad que se remonta al pasado es una construcción de una identidad que se proyecta hacia el futuro.

EL NUEVO MUNDO

LA LLEGADA se abre con el desembarco de Gerchunoff y su familia en el puerto de Buenos Aires y su inmediato traslado a la colonia Moisesville en la provincia de Santa Fé, la primera fundada por Hirsch.

La primera descripción es del paisaje:

> A la mañana -las claras mañanas, calurosas y dulces, bíblicas mañanas del campo argentino- los israelitas de ancha barba, se inclinaban sobre el suelo intacto, con sus palas redondas, con sus rastrillos y había algo de ritual, de místico, en la gravedad con que desempeñaban su sencilla tarea. Ya no eran los míseros y tristes judíos de Rusia, agobiados de terror, envilecidos por la esclavitud. Caminaban erguidos y rompían la tierra, que ya no regaban con lágrimas sino con sudor. (33-34)

Además de oponer aquel Tulchin a este Entre Ríos, se observa que abundan en el texto denotaciones y connotaciones bíblicas, ya sea relacionadas con el paisaje como con las tareas y las costumbres que la comunidad va aprendiendo del campesino nativo: la tierra argentina es la materialización de la tierra prometida. Gerchunoff, tratando de armonizar una imagen que sintetice su proyecto de solución al problema judío, iguala el campo argentino con la tierra prometida. La histórica tierra prometida (Palestina) queda reemplazada por una nueva (Argentina), más apropiada y factible en los tiempos que corren; como correlato, el proyecto sionista también deviene superfluo e innecesario. En "La nacionalidad judía" Gerchunoff sostiene que "Palestina atraerá a las gentes devotas, a los verdaderos judíos de religión, que son una minoría imperceptible. Los demás seremos del país en que se desenvuelve nuestra vida" (cit. en Liacho 23).

De modo que, sin hacer mención explícita en su *Autobiografía*, concuerda con Herzl en considerar al judaísmo como la cultura de un pueblo y no como una religión. Y, en este sentido efectivamente, habla por su grupo: la experiencia de la mayor parte de la comunidad judía argentina es eminentemente secular, con un pequeño grupo que mantiene las costumbres religiosas. De hecho, las sociedades comunitarias que se crean en Argentina desde que se establece un número considerable de inmigrantes judíos son básicamente sociedades que brindan servicios, ya sean educativos, sanitarios o funerarios, y no tienen una relación sustancial con el rabinato. Pero su proyecto social, contrariamente al sionista, se basa en la asimilación a la cultura del país en el que el judío se encuentra, y piensa que la Argentina, como país de advenimiento y abierto a la inmigración, será finalmente el lugar en el que esta asimilación se haga realidad. Los acontecimientos históricos no le dieron la razón.

Un detalle que llama la atención es la facilidad con la que estos inmigrantes provenientes de zonas urbanas o semiurbanas se adaptan y aprenden las tareas del campo. No hay una sola mención al proceso de aprendizaje ni a las dificultades que este traslado pudiera haber ocasionado. Es un proceso mágico: llegan, se instalan y se confunden con el resto de los campesinos nativos. Nos cuenta que los jóvenes "[n]o tardaron en adoptar los métodos indígenas y aprendieron el empleo del lazo y de las boleadoras" (35). Los judíos aprenden las destrezas campestres prácticamente sin esfuerzo.

Dos elementos contribuyen al proceso asimilatorio de Gerchunoff en esta primera etapa de su vida argentina: el paisaje y el trabajo del campo, con sus costumbres y cultura propias. Ya instalado en la colonia Rajil, Gerchunoff se describe a sí mismo vestido de gaucho: "amplia bombacha, chambergo aludo y bota con espuela sonante . . . y en mi cintura, junto al cuchillo, colgaban las boleadoras" (48). También describe sus faenas, especialmente las relacionadas con el cuidado del ganado, y menciona que comienza a acostumbrarse al mate, infusión típica de la zona rioplantense. Se empapa de la cultura nativa a través de las leyendas y cuentos relatados por los guitarreros y cuentistas orales de la zona. Veremos más adelante que esta recuperación del gaucho, tanto el gaucho mítico de los relatos orales como el nuevo gaucho agricultor que convive en el territorio de las colonias, es parte de una estrategia más amplia de la clase gobernante argentina: dados los problemas que la inmigración urbana trajo aparejados en términos de huelgas e ideologías foráneas, se hacía indispensable promover un sentimiento de grupo, de nacionalidad y de historia comunes. Gerchunoff se propone a sí mismo, y a su grupo, como parte de esa nacionalidad y esa historia común.

Concluye una sección afirmando:

> En aquella naturaleza incomparable, bajo aquel cielo único, en el vasto sosiego de la campiña surcada de ríos, mi existencia se ungió de fervor, que borró mis orígenes y me hizo argentino (50).

La asimilación, desde el punto de vista de Gerchunoff, tiene un precio: el olvido de los orígenes; o, dicho de otra manera, para lograr el deseado entendimiento entre los pueblos es necesario armonizar las diferencias. David Viñas afirma que para Gerchunoff "[e]l olvido de las diferencias más evidentes es el primer paso en el logro de una integración. Y la asimilación racial se convierte en la contraparte de la paz americana" (*Literatura argentina y realidad política* 1: 176). El problema es que, muchas veces, la asimilación no garantiza la aceptación del advenedizo por parte de la mayoría. Este olvido intencional es producto de una necesidad: dar solución definitiva al problema judío y terminar con el destino errante de un pueblo[1].

Máximo Yagupsky, también hijo de las colonias entrerrianas de Hirsch, en diálogo con Mario Diament nos da un panorama bastante distinto de la experiencia en la pampa argentina. Si bien el sentimiento de libertad, la gratitud, la valorización de la vuelta a la tierra y la amistad con el gaucho son aspectos presentes en su relato, las dificultades no son soslayadas.

> A los colonos, no acostumbrados a la vida en esas vastas llanuras, les resultaba muy difícil soportar la soledad, lejos de los centros de civilización . . . Además, por lo general, los que venían eran hombres de cultura -cultura judía, pero cultura, a fin de cuentas- hombres con ilustración, con libros, con amor al estudio. Y conspiraba contra el éxito de un buen colono el querer dividir su tiempo entre la vida agrícola, de labriego, y la vida intelectual y culta . . . Y era otro clima. Ellos extrañaban el invierno ruso, con su frío y sus nevadas . . . Además, . . . estaba el fracaso de algunas cosechas por razones climáticas y por las inmensas y devoradoras mangas de langosta. (Diament 158–161)

Esta descripción no anula el valor de los recuerdos de Gerchunoff, pero su cita es útil para poner en perspectiva la idealización de sus afirmaciones. Su recuerdo está despojado de muchos de los componentes negativos que deben haber sido importantes en el momento en que sucedieron, pero que a la hora de elaborar y presentar esta autobiografía, deben pasar a segundo plano para dar lugar a la imagen que quiere crear. Como nos recuerda Borges, la memoria está constituida por el olvido o, lo que es lo mismo, necesitamos el olvido parcial para recordar; necesitamos descartar todo aquello que enturbia la imagen de nosotros mismos para construir una continuidad (*Borges oral* 94).

El continente americano y, en particular, la Argentina están revestidos de contenido liberador en el discurso de Gerchunoff; una liberación que había finalmente llegado para los judíos que pusieron pie en tierra argentina. Yo creo que el autor no tenía otra alternativa, como no la tenía Hirsch: fuera de Europa, fatalmente, tenía que ser América. Su función, en todo caso, consistió en darle forma narrativa a la odisea redentora. Por eso no hay dudas, contradicciones, interrogantes o ansiedades en este relato: no puede haberlas porque reconocerlas pondría en peligro la alternativa de solución que está buscando.

Como decíamos más arriba, Gerchunoff quiere comunicarse con diversos lectores, pero los que más le interesan son los judíos argentinos y los argentinos nativos, aun cuando escribiera este trabajo durante su estancia en Europa. A los judíos argentinos les dice que han llegado a la Tierra Prometida, que la búsqueda ha terminado. A los argentinos nativos les dice que los recién llegados ya están adaptados, que trabajan a la par, en otras palabras, que son como todos los demás. Y en este sentido me parece importante anotar ciertas irregularidades en la selección del vocabulario. A lo largo del texto hay un uso equívoco de las palabras. Cuando se refiere al zar utiliza la palabra "emperador," en lugar de hablar de los judíos se refiere a los "israelitas," y repite la palabra "esclavitud" varias veces. Por un lado, me parece que está eligiendo términos que él supone serán más fáciles de entender para el lector no judío. Pero además, creo que la palabra emperador dirige la imaginación del lector a la época del Imperio romano y al momento de la expulsión definitiva de Palestina, al tiempo que las palabras "israelita" y "esclavitud" subrayan el campo semántico del antiguo testamento, el mundo bíblico que construye para al lector.

En un párrafo en el que Gerchunoff compara implícitamente su país de origen y su país adoptivo, aparece una descripción de un servicio religioso oficiado por su padre. Era condición obligatoria en Rusia terminar los oficios religiosos en las sinagogas con una bendición al país y al zar, bajo pena de clausura. Unos de los congregantes, entonces, le sugiere al padre que bendiga al país y a su emperador, a lo que el padre responde que la Argentina es una república, que no hay emperador y que los hombres son libres. Se ponen de acuerdo en bendecir el país y la libertad. Luego los congregantes esperan la plegaria final en la cual se le pide a Dios que salve al pueblo judío de su cautividad, plegaria que se incorporó al oficio religioso durante la primera diáspora del pueblo de Judea en Babilonia. A esto también el padre de Gerchunoff se opone, diciendo: "Aquí somos hombres libres, no estamos en cautividad, sino en nuestra tierra, puesto que . . . Sión está allí donde reina el bienestar y la dicha" (38). Se ponen de acuerdo otra vez y ejecutan la plegaria excluyendo referencias a la cautividad. Esta escena, claramente, refuerza las ideas nucleares de la tierra prometida y del patriotismo de los judíos.

El padre de Gerchunoff muere asesinado por un vagabundo de la zona que solía ir a la pulpería del pueblito para emborracharse, razón por la cual la madre se traslada con sus hijos a Rajil, otra colonia de la JCA en la provincia de Entre Ríos. No se dan explicaciones de este episodio en el texto como tampoco se cuestiona el sentido de la agresión del gaucho pendenciero. Yo considero que en el año 1914, cuando escribe este relato, el hecho de no hacer ningún comentario acerca del suceso en sí ni intentar dar cuenta de él en un contexto más amplio es un acto deliberado de Gerchunoff, especialmente si pensamos que la vida de su padre fue cercenada injusta e inútilmente. Entender cómo era la situación general del país en el momento en que este hecho sucedió y en los años sucesivos, puede ayudar a poner en perspectiva esta maniobra por omisión de Gerchunoff.

En estos años se produce una lógica competencia laboral entre los gauchos que devienen agricultores y los inmigrantes de las colonias: definitivamente, el nativo ve en el extranjero una amenaza. Con los años las aristas de este roce se van a ir limando y, en general, los historiadores, como Luna y Onega, coinciden en que los gauchos nativos y los gauchos extranjeros de segunda generación conformaron una misma clase trabajadora campesina. Pero en la ciudad de Buenos Aires las cosas eran bastante diferentes.

Muchos de los inmigrantes se instalaron en la capital y comenzaron a ocupar puestos en la pequeña industria, en talleres medianos y en el comercio minorista. Estos grupos, heterogéneos en cuanto a su origen, tenían en común una cierta conciencia de clase y bastante conocimiento de las ideas anarquistas y socialistas que circulaban en Europa. Muy rápidamente, comenzó a haber movimientos de huelguistas en los que los trabajadores reclamaban mejoras salariales y acortamiento de la jornada laboral.

Obviamente, la oligarquía bonaerense y el gobierno empezaron a inquietarse hasta que en 1905 se promulga la Ley de Residencia, por la cual se establecen ciertos requisitos para otorgar el permiso de entrada al país. Las protestas continuaron y se incrementó asimismo la represión policial, que se ensañó especialmente con locales de familias italianas y judías. En 1910, año de los festejos del Centenario, aparece la Ley de Defensa Nacional por la cual se prohibe la entrada al país a toda persona sospechosa de conexiones con el anarquismo. Esta ley repercutió negativamente en la inmigración judeo-rusa ya que los rusos en general se consideraban sospechosos por el avance del bolchevismo a partir de 1905. Bibliotecas, centros culturales, talleres, comercios y viviendas de familias judías de Buenos Aires son atacados con especial virulencia. De modo que el espíritu optimista del año del centenario no se corresponde con parte de la realidad social del país; más bien podríamos decir que ese optimismo oculta el malestar del proletariado capitalino y las consecuentes acciones represivas como también la magnitud de los, todavía, aislados episodios de incipiente antisemitismo.

En el terreno literario y periodístico no judío habían empezado a circular algunos textos y artículos de corte claramente antiinmigratorio en general y antisemita en particular. Empecemos por el tema del gaucho. En 1909, Ricardo Rojas, escritor, historiador y docente que llegó a ser rector de la Universidad de Buenos Aires, realiza una vuelta al gaucho y lo rescata como figura-síntesis del "ser nacional" oponiéndolo al inmigrante. Afirma que "la inmigración comporta el riesgo de una nueva barbarie, porque resquebraja la cohesión social o disuelve el ideal histórico . . ." ("Prólogo" 15). Huelga decir que, además de invertir la premisa sarmientina, rescatar la figura del gaucho, aunque ideal y prototípica, como afirma Borges, implica un alto nivel de hipocresía por parte de la clase intelectual bonaerense: el gaucho constituyó una clase social marginal y marginada que fue utilizada hacia finales del siglo XIX para expulsar al indio de sus tierras durante la Campaña del Desierto, y como soldado en las guerras entre los caudillos del interior del país y Buenos Aires. La desaparición o transformación del gaucho en agricultor fue obra de esta misma clase intelectual-oligárquica bonaerense que ahora lo recupera.

Un claro ejemplo de esta contorsión lo podemos observar en la popularidad que adquiere en los círculos del poder bonaerense el *Martín Fierro*, texto que José Hernández escribió en 1872 pero que sólo había logrado el aprecio de los lectores del interior del país durante más de veinte años. Puntualicemos que la literatura gauchesca no fue un producto artístico del campo, del gaucho mismo, sino una creación urbano-intelectual de poetas que utilizaron la figura del gaucho con diferentes objetivos: diversión o burla, a veces, protesta otras, como en el caso de Hernández.

Como bien interpreta Elkin esta actitud, el sentimiento de superioridad racial antes utilizada contra el gaucho, adopta ahora virtudes gauchescas en su afán por domeñar al inmigrante (*The Jews of Latin America* 58). Un año más tarde, Gerchunoff responde a este peligroso viraje con *Los gauchos judíos*, participando en el diseño de un nacionalismo que, retomando este gaucho judío de las colonias, amalgama la idealización del gaucho, la vuelta a la tierra y la pertenencia del inmigrante a esas tradiciones nativas y a la historia argentina en su conjunto. Con este texto Gerchunoff repite el modelo que consiste en describir e idealizar al gaucho desde la ciudad, con una formación intelectual e idiomática acorde con ese entorno urbano y, de paso, de este modo "Gerchunoff se adscribe al grupo de escritores que ha asumido la categoría de 'intelligentsia' oficial de la alta burguesía liberal gobernante" (Viñas 1: 179).

En otro ámbito, el de la vida capitalina, una novela de 1891, *La bolsa* de Julián Martel (1867–1896), periodista y escritor perteneciente a la generación naturalista, describe al inmigrante en general como un " . . . parásito de nuestra riqueza que la inmigración trae a nuestras playas desde las comarcas más remotas" (33). Se ensaña particularmente con los inmigrantes judíos a quienes presenta en vívidas descripciones del ambiente de la bolsa de Buenos Aires, con sus actitudes ávidas de dinero cuyos rasgos físicos se repiten a través de los tiempos, como ojos pequeños y mezquinos siempre inyectados de sangre y narices encorvadas que contrastan con las distinguidas particularidades físicas de los arios. El tema del dinero es muy importante para Martel. Más adelante se refiere al judío como prestamista y especulador, afirmando que " . . . nunca ha sobresalido en las letras, en las ciencias, en las artes, porque carece de la nobleza de alma necesaria . . ." (130). Si bien es obviamente innecesario rebatir estas formulaciones, es bueno apuntar la importancia que le da al poder de los judíos, cualquiera sea su número, importancia que se funda en los ya conocidos argumentos antisemitas que invocan la sinarquía judía internacional y su deseo de destruir el mundo civilizado " . . . minándolo por su base, sin ruido, sin aparato, hasta que lo carcoma y haga desplomar" (130). Otro argumento en el que se apoya Martel, claro no podía faltar, es el que se refiere a los rasgos morales y físicos de este pueblo que no trabaja y aprovecha el trabajo de los demás a través de la usura. Martel sigue, de esta manera, a Rojas en el sentido de invertir la premisa sarmientina, enriqueciendo el repertorio de elementos que apoyan lo nacional en detrimento de lo extranjero.

Mientras los periódicos judíos capitalinos tímidamente comenzaron a considerar el proyecto de Hirsch como un "error", Gerchunoff mantuvo una actitud mucho más recatada. Irving Horowitz observa que la reacción más común entre los judíos es la negación, la incredulidad de que el antisemitismo exista en realidad; también agrega que este escepticismo es más común entre las capas intelectuales y profesionales ("The Jewish of Buenos Aires" 219). Efectivamente, en ese momento Gerchunoff se abstuvo de pronunciarse en relación a estas manifestaciones; varios años habrían de pasar hasta que la historia concreta modificara su percepción y lo obligara a expresarse más comprometidamente.

DEL CAMPO A LA CIUDAD

DADO EL fracaso económico del plan agrícola para las colonias (suelos muy difíciles, falta de maquinaria moderna, plagas de langosta), la madre decide trasladarse a Buenos Aires y allí se asegura que sus hijos reciban educación formal. La mayor parte de estos primeros años los pasa Gerchunoff entre la escuela, primero primaria y luego secundaria, y los diferentes trabajos que pudo ir consiguiendo. Cuando ya tenía diecisiete años, Gerchunoff le cuenta a su profesor de gramática de la escuela secundaria que su pena consistía en "no ser igual a los demás, es decir, no ser argentino" (60). Al día siguiente, acompañado por este profesor y el rector del colegio, se presenta ante las autoridades correspondientes para hacerse legalmente argentino y obtener la naturalización. A pesar de que él nunca sería igual a los demás, ya que si lo hubiera sido no habría necesitado obtener la naturalización, lo importante de esta anecdota es que nos permite ver la cantidad y diversidad de aspectos de la vida de un individuo que deben ser encaminados hacia el logro del objetivo asimilatorio de borrar las diferencias.

De esta época recuerda que un compañero de taller de origen asturiano lo inicia en la lectura de *Don Quijote*, obra "que desde entonces amo con amor exclusivo y profundo" (57). Esta referencia al Quijote, novela sobre la que escribió *Nuestro seños Don Quijote* y *Retorno a Don Quijote*, no es gratuita: por un lado, nos adelanta su futura integración al mundo de las letras y a su elección profesional de periodista y escritor; pero también, y lo más importante, le va a servir para elaborar una compleja teoría de la relación entre los judíos y la cultura hispánica.

"Las bodas de Camacho", un capítulo de *Los gauchos judíos*, resulta una versión vernácula del par de capítulos del mismo nombre de la obra de Cervantes: tenemos allí a Camacho-Quiteria-Basilio en Pascual-Raquel-Gabriel en una situación exactamente igual, con fiesta, música y huida de los enamorados; tenemos también las sabias palabras de don Quijote en las del matarife de Rajil; y, como broche del capítulo, unas palabras del narrador dirigiéndose directamente a su "desocupado lector" (98). En este último párrafo, afirma que todo lo que ha relatado es verdad, asegura que en la Argentina de los gauchos hay Camachos, Quiterias y Basilios y pide disculpas por no tener el ingenio de Crevantes. Todo esto volcado, además, en un castellano de marcados giros arcaicos.

En el capítulo "El viejo colono", describe a su maestro de biblia e instructor para la ceremonia de Bar Mitzvah que ya se aproximaba, rabí Guedalí. Anota allí que " . . . cuadraba su erguido tipo a las épocas castizas en que los hebreos formaban, en las villas españolas, doctas corporaciones de sabios y poetas" (146). Agrega también que hablaba "al modo de los hebraístas españoles y árabes" (147). Demás está decir que este rabí Guedalí, viejo colono llegado del *shtetl* ruso, poco debía tener que ver con la imagen de judío feliz que el autor compone en esta estampa. De modo que el presentar el Quijote, el mundo sefaradí y la pampa argentina concatenados históricamente le permite construir una base lingüístico-cultural a la que los judíos pueden pertenecer. Es evidente el grado de deformación de la realidad que está ejerciendo aquí el autor: los judíos de Europa oriental, salvo excepciones, nunca vivieron en España, manteniendo un contacto estrictamente intelectual con los judíos sefaradíes a través de la lectura y estudio de la obra de sus pensadores. De modo que esta absorción de la tradición literaria hispana y de la cultura sefaradí es, en el mejor de los casos, una feliz inquietud intelectual pero no la realidad de la generación a la que pertenece nuestro autor. Lo hispano sin lugar a dudas va a incorporarse al acervo cultural de las generaciones posteriores, pero no por herencia sefaradí sino por ser la realidad cotidiana, laboral, educativa y social de aquellos nacidos en Argentina. Es de apuntar también que Gerchunoff nunca escribió en su lengua materna, el idisch, y esto por varias razones. Primero, porque su deseo de pertenecer le obligaba a elegir el idioma nacional, y no el de la minoría que, además, carecía de jerarquía. Segundo, porque en momentos de recelo frente a esta minoría inmigrante, el uso del lenguaje común era la prueba de su total asimilación. Finalmente, el objetivo de Gerchunoff fue, principalmente, llegar al lector nativo, y el castellano era, obviamente, el vehículo de comunicación adecuado. El idioma y el estatus legal son los elementos que permiten armar una especie de cédula de identidad para este grupo de inmigrantes.

Recapitulando, Gerchunoff ha cubierto varias esferas del proceso asimilatorio. Ha contrastado la pequeña ciudad rusa con el campo argentino, lo que le sirve para mostrar a la Argentina como modelo de valores positivos, ya sean éstos la libertad y la tolerancia, como la oportunidad y el arraigo. Ha pasado revista a una serie de manifestaciones de la vida en la que la asimilación y la integración se han satisfecho. El narrador cambia capas y barbas por sombreros, bombachas y espuelas, té por mate, costumbres urbanas por rurales, trabajos de tipo comercial o intelectual por agrícolas, idisch por castellano, vida de guetto por participación.

Sabemos ya, sin embargo, que estamos en presencia de una utopía de asimilación y desaparición que, por ser una visión que proyecta un deseo, no refleja la realidad sino que oculta o inventa partes de ella. Me refiero a las dificultades económicas de las colonias y su fracaso; a la omisión mención de los problemas sociales que encuentra en Buenos Aires; a la verdadera intención expansiva del gobierno argentino en lo tocante la inmigración que no fue una acción movida por sentimientos filantrópicos; al forzado lazo que conecta a esta comunidad de Europa oriental con la tradición hispana. Como afirma Salgado Gordon, la invención de su "argentinidad" es el común denominador que se afirma en una producción escrita y una constante prédica oral que subraya a cada momento expresiones de la tierra, de la gente y de la herencia artística y cultural (*Alberto Gerchunoff and Samuel Eichelbaum: Two Literrary Reflections on Judeo-Argentinidad* 144).

Este trabajo autobiográfico no refleja la historia personal e íntima del autor; por el contrario, refiere una serie de hechos y experiencias descriptas desde afuera, cuya peculiaridad la imagen de una vida en movimiento ascendente en lo personal y profesional. No hay una visión retrospectiva y abarcadora de un ciclo vital porque no es una obra de madurez que mira y reflexiona sobre el pasado sino una obra de juventud que construye un presente y un futuro, y cuyos eventos están ordenados al servicio de un proyecto pragmático. Saúl Sosnowski bellamente resume esta idea:

> Memories enter the realm of fiction when the remembrance of things past is woven with the wish to build a life where desire and facts become undistinguishable. ("Latin American Jewish Writers: A Bridge Towards History" 83).

IDEOLOGÍA, DISCURSO E IDENTIDAD

GERCHUNOFF ESCRIBE desde una posición de autoridad asentada en dos soportes, uno externo y otro interno al texto. En el primer caso, señalemos su filiación profesional. Hemos hablado ya de la carrera meteórica que realizó gracias a su tenacidad, su autodidactismo y su capacidad de inserción en el periodismo y en el mundo de las letras bonaerenses. Su trabajo en el diario "La Nación" le permitió tomar contacto muy estrecho con la elite intelectual que recibió con admiración y respeto su colección de estampas *Los gauchos judíos*, obra con la que se consagró como hombre de letras. Escribir es muy importante. Anderson explica que tanto la novela como el periódico, en el momento de su florecimiento durante el siglo XVIII, resultaron en formas que ofrecían un modo de representación del tipo de comunidad imaginaria que es la nación:

una simultaneidad a través del tiempo (30). Y más adelante, afirma que la idea nacionalista es instilada a través de los medios, la educación, los textos en general (104). Escribir no sólo le permite afirmarse en un círculo al que quiere pertenecer, sino también hacer uso de ese medio como arma para instilar aquello que constituye su proyecto.

Con respecto al segundo punto de apoyo, el interno al texto, el uso de la primera persona legitima los eventos narrados al presentarlos como elementos de la experiencia propia enmarcados en un formato autobiográfico. Como dice Edna Aizenberg, "[h]e could become the founder of a 'discoursive practice' (Foucault) because he was a founder of a 'life practice': a new form of Jewish living in a new country" ("Parricide on the Pampa: Deconstructing Gerchunoff and His Jewish Gauchos" 25). No vemos en este trabajo una historia diferente, personal o íntima, como decíamos al principio, sino un recurso formal, la autobiografía, en el que vuelve a volcar las ideas de su proyecto para la solución del problema vital que aqueja al grupo al que pertenece.

Su texto toma elementos de diferentes campos semánticos o ideológicos resolviendo en un discurso novedoso y original que será tomado como punto de referencia por las generaciones posteriores de escritores e intelectuales judeo-argentinos. A modo de aclaración digamos que su pensamiento se fue modificando durante las décadas del '30 y del '40, dada la envergadura de las manifestaciones de antisemitismo en Europa y en Argentina. Podemos decir que su primera etapa está informada por el asimilacionismo, mientras que en la segunda Gerchunoff propone un programa de tolerancia a las diferencias y de convivencia en una Argentina que él define como crisol de razas. No es el objetivo de este trabajo trazar la evolución de su pensamiento sino centrarse en este etapa inicial durante la que escribe su autobiografía, de modo que continuaremos analizando su pensamiento en este marco temporal y dentro de esta precisa etapa asimilacionista.

Su discurso se apoya, primordialmente, en las ideas liberales del pensamiento sarmientino-alberdiano y en las nacionalistas de los intelectuales de principios de siglo, alimentadas con material bíblico y una teoría personal de las relaciones entre la judería de Europa oriental y el mundo sefaradí.

El liberalismo le da los principios que apoyan el proceso inmigratorio cuando afirma que la nación " . . . necesita los aluviones inmigratorios como condición absoluta de su progreso . . ." (*Argentina país de advenimiento* 119). Selecciona, asimismo, el vocabulario adecuado en consonancia con el Sarmiento del *Facundo* cuando advierte que la inmigración va a traer originalidad y nuevos horizontes y que, en todo caso, habría que desconfiar de la ignorancia. Progreso e inmigración por un lado y barbarie e ignorancia por el otro son, entonces, los condimentos esenciales de un discurso que se alinea con el pensamiento liberal que justifican y garantizan su presencia en Argentina. Hasta aquí no hay disonancias que enmendar, todo parece ajustarse perfectamente para acomodar el proyecto argentino y las necesidades de los inmigrantes.

El nacionalismo es otra cosa muy distinta: implica una imagen de nación que, como ya vimos, no facilita la integración del inmigrante. Gerchunoff tendrá que hacer una serie de ajustes en su discurso para satisfacer esta línea de pensamiento, y de acción, de modo de continuar en la senda que se ha propuesto, y será en este terreno donde aparecerán las contorsiones que mencionamos más arriba.

Tanto Anderson (13) como Calhoun (3) coinciden en que el concepto de nacionalismo es un producto cultural que da lugar a un tipo particular de discurso a través del cual se define la conciencia que tenemos de nosotros mismos como grupo o nación. Calhoun es muy específico en cuanto a los elementos que intervienen en el diseño de este discurso. Ananlizaremos algunos de ellos. El territorio, o sea el espacio específico que ocupa un grupo humano determinado, es fundamental. Para Gerchunoff como integrante de un grupo con un destino errante, éste es un punto extremadamente delicado; no sólo para Gerchunoff, claro. Recordemos que para Herzl también la única solución al problema judío era la creación de un hogar nacional judío que pusiera fin a la vida diaspórica. Hemos visto ya que, por razones históricas y prácticas, la emigración a la Argentina le pareció más viable a buena parte de las comunidades de Europa oriental bajo el impulso de la JCA. En ambos casos, encontrar un lugar para asentarse, y al cual pertenecer, era una condición primordial. Como comenta Smith, el territorio le permite al grupo no sólo sentirse apegado y junto sino también verse a sí mismo como parte de una fraternidad(3).

Ahora bien, en el relato de Gerchunoff el lugar que él ha elegido aparece impregnado de valores sagrados, y la utilización de este elemento es lo que hace que su discurso se acople al nacionalista pero también se enriquezca y adquiera el sello de su creatividad. Gellner afirma que las raíces definen quiénes somos otorgándonos autenticidad (73). Es así que en la Argentina-Entre Ríos de Gerchunoff se funden, y también se reencuentran, dos espacios físicos: la patria bíblica y esta nueva tierra de promisión a la que ahora puede pertenecer porque la ha imbuido de las mismas características. La naturaleza difícil, el cuidado del ganado y, en especial, la agricultura le permiten trazar un puente a través del tiempo y del espacio y obviar los siglos de residencia en los países de Europa oriental. Esta Europa aparece con signos negativos y no representa una raíz: es el espacio de la ciudad, del aislamiento, de la pobreza y de la desconexión con la tierra. Es interesante observar cómo la barbarie, que Sarmiento ubica en el campo salvaje, se encuentra localizada ahora en la ciudad de Tulchin: esta discontinuidad con respecto al pensamiento liberal es necesaria para acomodar el discurso nacionalista de vuelta a la tierra y a los "verdaderos" orígenes.

Continuando con la clasificación de Calhoun, otro elemento importante para el discurso nacionalista es todo aquello que define a un grupo como entidad cultural: desde el lenguaje hasta los valores, pasando por las creencias y la historia comunes (4–5). Para crear esta entidad Gerchunoff recurre a un intrincado trazado histórico que incluye las técnicas de trabajo, lo lingüístico y la herencia literaria. Gerchunoff tiene que amalgamar los tiempos bíblicos con el gaucho, el idioma castellano con el idisch del *shtetl*, Sholem Aleijem con Cervantes. Así como la elite intelectual bonaerense construyó su discurso naturalizando la figura del gaucho como punto de referencia aparentemente basado en la historia, Gerchunoff tiene el doble trabajo de incluir a ese gaucho previa incorporación de una historia cultural que haga posible la amalgama de la herencia judía y la gauchesca. Y es por esto que aparecen los retorcimientos históricos y las continuidades forzadas entre los inmigrantes de Europa oriental y la herencia sefaradí, Cervantes, el castellano arcaizante. De hecho, Gerchunoff maneja el castellano escrito con tal maestría que logra plasmar en el papel un mundo imaginario que se hace realidad fácil y naturalmente a los ojos del lector. Anderson dice que el lenguaje cumple dos funciones esenciales para un determinado grupo de hablantes: por una lado tiene la capacidad de generar comunidades imaginarias; por el otro, es un elemento de inclusión, porque justamente es posible aprender cualquier idioma (122). Está bien claro que si Gerchunoff hubiera escrito su obra en idisch, habría resultado una contradicción en sus propios términos: sólo a través del idioma de adopción podía fabricar y hacer aceptar este entramado de historia y herencia cultural. En otras palabras, con este acomodamiento nuestro autor participa del esencialismo característico de la propuesta nacionalista: no hay diferencias, sólo intermitentes y poco significativos cortes temporales.

El proyecto de Gerchunoff, al menos hasta ahora, se ha cumplido relativamente. Si entendemos su asimilacionismo como un proceso que borra totalmente las diferencias, decididamente este asimilacionismo no se ha producido. Si se pretende una activa integración, indudablemente hay una presencia judía en casi todas las ramas del quehacer económico, profesional y cultural de la Argentina. En una escala creciente en cuanto a grado de integración y de asimilación, vemos a aquél que se presenta sólo como descendiente de judíos junto al otro que se asume como judío "y" argentino.

Irving Horowitz sostiene que, en diferentes latitudes y países por igual, las generaciones del '50 en adelante han superado las consideraciones acerca de la supervivencia para concentrarse en la problemática de la identidad: "The ideological shift from survival (who is a Jew) to identity (what is a Jew) can hardly be said to be complete" ("The Jewish Community of Buenos Aires" 199). Sólo un ejemplo. Albert Memmi, escritor y pensador tunecino cuya formación intelectual estuvo marcada por el existencialismo de Sartre, en su hermosa autobiografía enfrenta el tema de la identidad comenzando por confesarse: "I do not believe I have ever rejoiced in being a Jew. When I think of myself as a Jew, I am immediately conscious of a vague spiritual malaise . . ." (*Portrait of a Jew* 15). Sin entrar ahora en mayores consideraciones acerca de Memmi y su texto, es importante ver cómo en los años 60 la mirada está orientada hacia lo interior, hacia los verdaderos sentimientos que la identidad judía genera: desconcierto, incomodidad, necesidad de encontrar parámetros y redefinirse.

Volviendo a la Argentina, la obra de Gerchunoff tuvo y tiene un impacto decisivo en las generaciones intelectuales y literarias posteriores a la suya. Como un espejo, su nombre apunta a un conjunto de obras y un pensamiento que lo definen y que, en última instancia, marcan claramente un antes y un después. Su discurso generatriz no puede ser evadido en cualquier debate que incluya un planteo acerca del destino de los judíos latinoamericanos, ya sea para cuestionarlo, valorarlo o rebatirlo. Aunque no es el único ejemplo, bastará mencionar un caso en el que la presencia de Gerchunoff se percibe, sin ser referida taxativamente, con bastante claridad.

Ricardo Feierstein (1942), escritor, periodista y ensayista argentino nacido en Buenos Aires, elabora su propia teoría de la identidad judeolatinoamericano en una serie de ensayos que mantienen un diálogo implícito constante con Gerchunoff. En *Judaísmo 2000* y refiriéndose estrictamente a los escritores, sostiene que ". . . somos bifrontes, seres de dos cabezas orientados simultáneamente hacia lo judío y lo americano . . ." (91). Aquí se opone a Gerchunoff en cuanto a la posibilidad de desaparecer como judío mezclándose hasta consolidar una identidad nueva e indiferenciada; y al mismo tiempo, ofrece la descripción de la realidad de las generaciones siguientes: integración y participación en los asuntos y la vida de Latinoamérica.

Explica más adelante que la gran diferencia entre su generación y las anteriores radica en no haber participado del judaísmo europeo, sino en haber sido, desde el vamos, la generación nativa. Esto tiene consecuencias muy importantes para Feierstein, ya que no son la lucha por la apropiación del espacio, el aprendizaje de códigos y el dominio de la lengua lo que afecta a esta generación: no son adquisiciones sino realidades vitales dadas. Por lo tanto, no se aprende a ser argentino, se es. Además, no es ya aceptable, ni necesario, elaborar un lazo histórico que pase a través de la experiencia española-sefaradí: la presencia judía en Argentina es una realidad producto de la inmigración europea y no hace falta establecer una filiación de mayor envergadura o validez. El castellano no es un idioma al que se aspira y se logra dominar, sino la lengua materna con la cual se vive a nivel cotidiano y, más importante, con la cual se escribe sin buscar una sintaxis o un vocabulario que demuestren la pureza de la herencia lingüística común. Por último, no hace falta elegir entre una o otra identidad: se define como argentino, latinoamericano y judío (94). Se pregunta retóricamente:

"¿Por qué no admitir de una buena vez que somos mestizos, resultado de una mezcla de etnias y culturas, al igual que el continente donde nacimos?" (94). Esto es muy importante porque de este modo Feierstein se incluye como judío hijo o nieto de inmigrantes en concordancia con la base inmigratoria y la tradición mestiza de Latinoamérica; si hay una identidad, ella será el resultado de la experiencia latinoamercana en su conjunto: diversa y compleja[2]. La respuesta de Feierstein a las iniciativas de Gerchunoff es taxativa: integración y enérgico rechazo a perder cualquiera de las facetas de la identidad: "Somos mestizos culturales. Escindidos, de dos vertientes que no hemos elegido, que vienen desde atrás . . ." (89).

Si bien la "malaise" de Memmi está presente tanto en Gerchunoff como en Feierstein, la manera de enfrentarse a ella es bastante distinta. En el texto de Gerchunoff, la identidad creada no tiene fracturas: está construida sobre un trazado histórico-cultural-lingüístico que le permite establecer, como consecuencia de ese mismo trazado, una compatibilidad total con el medio en el que se encuentra. Estar en Argentina parece el producto natural de un movimiento histórico de rencuentro que finalmente se ha llegado a cerrar. Para Feierstein, por el contrario, la identidad no es una trama entera sino algo mucho más complejo y rico: la identidad es una trama fragmentada, poblada de diferencias más que de similitudes.

Un par de reflexiones finales. Gerchunoff se apoya y coincide con el optimismo de principios de siglo y se acopla a una visión de la historia como movimiento ascendente indefinido. Es por esto que decimos que su discurso está ligado al de la oligarquía bonaerense y a la clase intelectual que la respalda, lo que mueve a David Viñas a estimar que, alrededor de 1910, Gerchunoff tenía tres opciones: irse, suicidarse o alienarse con los discursos oficiales (185). Si bien no hay duda de que Gerchunoff eligió esta última posibilidad, creo que en su pensamiento y en su producción hay un aspecto que se ha soslayado al analizar su situación y su obra.

Por un lado, se inscribe en una tradición más amplia que la inmediata creada por el nacionalismo oficial; me refiero a su inclusión en la tradición de los intelectuales latinoamericanos para los cuales la escisión entre escritor y activista político o pensador no existe. Edward Friedman lo resume afirmando que "[t]he writer/activist is hardly a rare phenomenon in Latin America, where the intimacies of life and art, of self and circumstance, make their way into literary texts" (21). En la *Autobiografía*, como decíamos más arriba, Gerchunoff funde algunos datos personales, ciertos recursos poéticos, una forma prestablecida con un proyecto concreto. De modo que no está muy lejos del *Facundo* o del *Martín Fierro*, por mencionar los textos, liberal uno, nacionalista el otro, que hemos señalado en este escrito: textos de alto contenido político, con un definido proyecto nacional. Es evidente que para nuestro autor, coincidiendo con muchos otros, no hay distancia entre la identidad personal y la del grupo de pertenencia, sea éste la comunidad judía, la clase trabajadora o la nación en su conjunto. Es así que la obra de Gerchunoff también forma parte de los textos fundacionales de la identidad argentina: textos en los que se resalta algún elemento, se difuma otro o se hace desaparecer completamente lo que perturba la consolidación de una imagen que, por sobre todo, no debe tener fracturas o limitaciones. Doris Sommer dice que lo que colorea los textos fundacionales es " . . . the need to fill in a history that would help to establish the legitimacy of the emerging nation and . . . the opportunity to direct that history toward a future ideal" (7). Gerchunoff establece la legitimidad de la presencia judía en Argentina al tiempo que empuja los hilos de la historia hacia la consecución de esa legitimidad que tanto desea.

Otro aspecto interesante que vale la pena subrayar es que si bien Gerchunoff aparece como completamente alienado en el discurso nacionalista oficial, su texto transgrede los principios de ese mismo discurso. El planteo nacionalista rechaza al inmigrante, ya sea en forma directa o bajo la máscara de la recuperación del gaucho. La brillante maniobra de Gerchunoff no consiste solamente en disimular, abstenerse de comentar o inventar conexiones que no existen. Su creación de un gaucho (a la medida del nacionalismo) al mismo tiempo judío (presencia muy perturbadora) reconfigura ese discurso con sus propios elementos simbólicos: la tierra, las habilidades, el idioma, el estado legal y el patriotismo. El Gerchunoff de la *Autobiografía*, cuya vida empieza como gaucho para hacer su aparición en la ciudad como un intelectual de elite es un golpe certero para todo discurso que pretenda descalificarlo.

CAPÍTULO 2

Marjorie Agosín

MEMORIA

INTRODUCCIÓN

PARA AQUELLOS lectores familiarizados con la vida y la obra de Marjorie Agosín (Estados Unidos, 1955), el primer encuentro con el texto que nos ocupa produce la sensación de haber caído en una trampa. Sabemos que la autora es chilena, que pertenece a una familia judía y que ha pasado su infancia en Latinoamérica antes de emigar definitivamente a Estados Unidos. Por lo tanto, nos disponemos a leer la historia de su infancia. Contrariamente a estas expectativas, Marjorie Agosín escribió *A Cross and a Star. Memories of a Jewish Girl in Chile* en 1995, como una colección de sucesos ordenados cronológicamente basados en la infancia y juventud de su madre, Frida Halpern. De modo que pensamos que este texto no es la autobiografía de la autora sino la biografía del personaje central que, como tal, deberíamos considerar ficticio y, en todo caso, inspirado en la figura real de Frida. Sin embargo, una lectura detallada de ACAAS permite aventurar otras conclusiones menos obvias, la primera de ellas: este texto sí constituye una autobiografía, aunque con una cronología sorprendente.

Agosín nació en Estados Unidos de padres chilenos que eventualmente regresaron a su país para vivir allí durante la infancia y adolescencia de la autora. Cuando el golpe militar en Chile en 1973, que terminó con el gobierno y la vida del entonces presidente Salvador Allende e instauró el período de terror que tiñe la historia de los años 70 en el cono sur, la familia se traslada nuevamente a Estados Unidos donde Agosín reside desde entonces. De modo que estamos frente a varias etapas vitales: en primer lugar, una temprana experiencia latinoamericana, a la que continúa una emigración cuasi-forzosa y, abarcando ambos espacios, el trasfondo étnico, religioso y cultural por pertenecer a una familia judía originaria de Rusia y Austria.

A lo largo de su trayectoria como escritora, Agosín ha trabajado activamente en una variedad de ámbitos. Como activista en derechos humanos, ha dedicado gran parte de su energía a investigar y hacer conocer las violaciones a estos derechos perpetrados por los respectivos gobiernos militares de varios países latinoamericanos[1]. En su calidad de escritora en español en Estados Unidos, ha promovido vigorosamente la difusión de textos de autoras latinoamericanas en ese país. A través de su poesía, nos ha dejado entrever su evolución personal, sus preocupaciones y sus aspiraciones dentro y fuera del ámbito literario[2]. La cédula de identidad de Agosín como persona, escritora y activista es una trama apretada en la que se entrelazan varios niveles, desde los más íntimos y personales, hasta los públicos o profesionales. El texto que nos ocupa se limita a lo íntimo y personal a través de dos aspectos que son uno al mismo tiempo: su identidad judía y ascendencia chilena, por un lado, y la escritura por el otro. El problema persiste, como señalaba al principio, ya que la primera persona de la autobiografía no es Marjorie Agosín, sino Frida Halpern.

Lo que me propongo mostrar a través de este análisis es que ésta no es una autobiografía de hechos que se suceden unos a otros en un orden cronológico más o menos verosímil, sino la autobiografía de una búsqueda. Y es una búsqueda concentrada, como decíamos, en una de las varias facetas de nuestra autora: su raíz judía, europea, inmigrante, y en muchos momentos ajena, en el entorno latinoamericano. Y, en consonancia con esta búsqueda, era absolutamente indispensable que la narración empezara antes que la propia existencia de la autora. También podemos adelantar la idea de que este texto no se refiere a un personaje de ficción inspirado en una persona que la autora conoce, sino a la persona de la autora que busca atrapar en su mente cómo llegó a ser lo que es a través de una visión retrospectiva que arranca muy tempranamente. En este sentido, ésta es una autobiografía inconclusa o incompleta, porque se ocupa de un aspecto y un tiempo acotados de su historia, dejando de lado, momentáneamente quizás, otro u otros. Pienso también que, por su estilo lírico y la ordenación y estructura de los capítulos, ACAAS cruza y rompe los límites tradicionales de la autobiografía. Finalmente, y no como tema secundario, estas memorias integran el repertorio literario posterior al holocausto, en el cual la identidad está marcada, no solamente por tradición, cultura y / o religión, sino por las experiencias de la Segunda Guerra.

ACAAS está estructurado en 6 capítulos y un epílogo que siguen aproximadamente una cronología. En realidad, la secuencia está reordenada para poder agrupar ciertos temas, personajes o experiencias y darles relieve. La historia de Frida termina en su boda con el padre de Marjorie, Moisés Agosín. A lo largo de los capítulos aparecen fotos, especialmente familiares pero también de otros personajes importantes en la vida de Frida, con leyendas que indican los correspondientes nombres y fechas. Cada capítulo, además, está constituido por pequeñas estampas que relatan situaciones a veces minúsculas o que describen aromas, paisajes, gestos o visiones y reflexiones. A excepción de un par de estampas en las que leemos las palabras de Agosín, la primera voz narrativa es la de Halpern, por lo que el lector se ve obligado constantemente a trasladar las relaciones de parentesco descriptas en relación a la posición relativa de la autobiógrafa. Finalmente, además de las fotos mencionadas, aparecen poemas intercalados entre capítulos, que constituyen pantallazos o instantáneas de recuerdos, sentimientos o percepciones de la autobiógrafa.

MOVIMIENTO INMIGRATORIO EN CHILE

ANTES DE comenzar el análisis del cuerpo del texto, conviene hacer una descripción, aunque apretada, de la emigración de Europa al cono sur. La llegada de extranjeros a Chile sigue sin mayores diferencias el mismo esquema inmigratorio que el resto de Latinoamérica. Por un lado, la necesidad, por parte de considerables sectores económicos europeos, de emigrar a lo largo del siglo XIX: campesinos y artesanos, así como trabajadores urbanos vieron la posibilidad de mejorar su situación económica probando suerte en el nuevo mundo, de por sí poco poblado, con grandes extensiones para desarrollar la agricultura y la ganadería. Alrededor de los años de la Gran Guerra, el flujo inmigratorio se redujo sensiblemente para recuperarse, aunque no totalmente, inmediatamente después de 1918 y mantenerse con altibajos hasta el comienzo de la Segunda Guerra Mundial. La oscilación entre crecimiento y reducción del movimiento inmigratorio está relacionado no solamente con la situación europea en cada caso, sino también con los avances y retrocesos de las políticas inmigratorias de los países latinoamericanos en cuestión. En el caso de Chile, el marcadamente menor flujo de europeos se debe, principalmente, a su ubicación geográfica: la enorme distancia que separa a este país de los puertos del océano Atlántico, el dificultoso cruce de la cordillera o, en su defecto, el cruce a través del Canal de Panamá más tarde y el menor intercambio comercial con las empresas europeas. En cuanto a la perspectiva chilena, según Elkin, las motivaciones eran las mismas que guiaron las políticas inmigratorias en general en esta región del globo: la necesidad de mano de obra, la creencia en la mayor capacidad de trabajo del obrero europeo y la fe en el libre mercado para lanzar la economía hacia adelante (*The Jews of Latin America* 35).

Según Martin Cohen, en concordancia con el modelo general, la inmigración de judíos a Latinoamérica se puede dividir en las mismas cuatro etapas, ocupando la primera de ellas el siglo XIX. El segundo período abarca desde fines de la centuria hasta la Primera Guerra Mundial. El tercero va desde la finalización de la guerra hasta los primeros años de la década del 30 y el cuarto, que comienza aproximadamente en 1933, sigue, dependiendo de las posibilidades de abandonar Europa antes del año 39, hasta el comienzo de la Segunda Guerra Mundial ("Introducción" LXI). A esto se debe agregar las idas y venidas de los gobiernos latinoamericanos en cuanto a su legislación inmigratoria: más abierta en períodos de gobiernos liberales, más restrictiva cuando la conducción es más conservadora o abiertamente nacionalista. En los comienzos del siglo XX, la población judía en Chile era de alrededor de 100 almas y sus actividades económicas estaban circunscriptas a la venta ambulante, el comercio minorista y la pequeña industria. Para ubicar a la familia de Agosín en este devenir migratorio, digamos brevemente que los abuelos maternos de Frida eran inmigrantes rusos de Odessa que se instalaron primero en Buenos Aires, donde nació su madre, Josephina, y que llegaron a Valparaíso luego de cruzar la Cordillera de los Andes. Allí se dedicaron a la confección de ropa de hombre, oficio que ya habían practicado en su país natal. Por otro lado, el padre de Frida, Joseph, abandonó Viena en 1919 arribando a Valparaíso por mar. Gran parte de los sucesos que leemos en el texto suceden en Osorno, lugar de residencia de la familia durante la infancia y adolescencia de Frida.

La zona de Osorno, según consigna ACAAS, es una pequeña Europa de los años 30 en el rincón más austral del continente: una mayoría blanca simpatizante del nazismo, como por ejemplo la comunidad de Colonia Dignidad, famoso refugio de nazis similar a otros en Argentina, una minoría "ajena" que debe tratar de no hacerse notar, los judíos, y otras minorías "locales", pero también de segunda categoría, en este caso los indígenas de la región, limitadas en su libertad de movimiento. El antisemitismo y el racismo en general no eran manifestaciones vergonzosas: en el texto de Agosín, por ejemplo, leemos acerca de una de las más tristemente famosas canciones del repertorio antisemita que se enseñaban en las escuelas de Osorno, en las que a coro los versos preguntan y responden: "¿quién robó el pan del horno? el perro judío, el perro judío".

El panorama poblacional del sur de Chile que atestigua ACAAS se completa con la presencia de los mapuches, pueblo que también habita el sur argentino. Si bien el número de indígenas no era pequeño, el tratamiento que el gobierno chileno le ha otorgado desde siempre es de exclusión y franco racismo. En general, los historiadores y sociólogos que se han ocupado del tema señalan justamente el rechazo o, en el mejor de los casos, la indiferencia con los que los gobiernos sucesivos se comportaron frente a este grupo social. Su presencia también es importante en el texto que nos ocupa: la combinación de "country herbs and Jewish recipes" (114) constituirá un motivo de reflexión y de síntesis estética.

FOTOGRAFÍAS Y POEMAS

EN DIÁLOGO contrapuntístico con las estampas en prosa que cuentan la historia y vertebran el texto, tenemos estas fotografías y poemas que, a su vez, se integran a manera de segunda y tercera voces en la estructura de la autobiografía. En un sentido, la fotografía anula el poema y, al mismo tiempo, lo complementa. Las fotografías muestran, en su mayoría, integrantes de la familia de Frida/Marjorie, mientras que los poemas describen un estado mental o una realización espiritual instantánea y fugaz. El lector percibe la doble perspectiva que generan ambos materiales ya que las fotografías documentan la historia de los sucesos familiares, mientras que los poemas impactan por un nivel de interioridad imposible de mostrar a través de la foto. Por ejemplo, junto a fotos de las abuela y bisabuela de Frida (bisabuela y tatarabuela de Marjorie, respectivamente) en Europa y Chile, se nos muestra una foto del pasaporte o del botecito que la transportó del barco a tierra firme en Valparaíso o, simplemente, una foto de la ciudad de Osorno de 1970. Si bien no todo está registrado visualmente, estas muestras fotográficas de la historia familiar se inscriben en la historia de su emigración europea y residencia chilena, en La Historia.

En un hermoso capítulo dedicado a la muerte de su madre y a las fotografías que de ella logra encontrar y agrupar, Barthes hace referencia a la Historia y a las imágenes de los seres queridos. Allí se pregunta si la Historia no es otra cosa que un tiempo en el que todavía no hemos nacido, un tiempo del que no sabemos, por ejemplo, cómo se vestían nuestros familiares. Agrega: "This is the only time I have seen her like this, caught in History (of tastes, fashion, fabrics)" (64). En el caso de Agosín es muy ilustrativo, por ejemplo, observar el cambio de aspecto en los miembros de la familia: la bisabuela Sonia aparece a los 16 años sola y con sus hermanas en Odessa en 1904, y luego en 1970 en Viña del Mar. Este contraste constituye un testimonio de la emigración, de la evolución y, muy importante, de la adaptación al nuevo mundo: la vestimenta, el paisaje, la mirada que dirige a la cámara, en una palabra, el encuadre en el que aparece Sonia certifica que esta historia es verdadera y documentable, que es así tal y como sucedió.

Los poemas, por el contrario, expresan un trauma en el estricto sentido del término: un choque o golpe, a nivel emocional en este caso, que deja cicatrices duraderas en las capas más profundas de la mente. El golpe es el holocausto, y las cicatrices, como expresiones visibles de las heridas, son las ausencias que, paradójicamente, aparecen y reaparecen a lo largo del texto imponiéndose a la narradora y al lector. Así como las fotografías son un documento y, como tal, pasible de ser falseado, los poemas constituyen el movimiento de introversión hacia el terreno de lo mental y de lo personal y, por ende, deben ser aceptados como se presentan. Aparece en ellos, por ejemplo, la experiencia de la naturaleza amalgamada con la muerte:

> Night tinted
> with evil omens
> gathering us up with its sharp
>   words
> and chloroform dreams
> . . .
> night, the night like
>   a sick
>   crack
> like a molded obscurity
>   of scars
> night, absences (175–176).

    Las ausencias y las cicatrices del poema no se corresponden directamente con las fotografías, más bien a veces se oponen porque algunas de las personas fotografiadas llegaron a Chile y continuaron viviendo. Pero otras veces las explican porque hay fotografías de personas que no pudieron llegar a América, que perecieron durante la guerra, como Clara, una prima de Helena, que murió en Auschwitz. Varios elementos marcan los aspectos traumáticos de este poema: los ausentes no se pueden recuperar o, en todo caso, sólo quedan cicatrices de esas pérdidas, el sentimiento de las ausencias. Estas, por otro lado, sólo pueden ser expresadas al escribir sobre ellas, en forma obsesiva, con "palabras agudas" y en "sueños adormecidos".

    La bisabuela Helena aparece en varias fotografías intercaladas entre capítulos. Una de ellas es muy llamativa porque es evidente que está especialmente tomada para este texto: es una fotografía del pasaporte que incluye su firma, sus datos personales y el sello de aduana. La leyenda nos informa acerca de la ciudadanía austríaca de Helena y su partida definitiva: leemos que el sello es el último que aparece en el documento y que fue estampado en Viena en 1938. A continuación de un capítulo completo dedicado a este miembro de la familia, la narradora introduce el poema "Candlesticks":

> My Grandmother
> Helena
> the lady from Vienna
> the wandering dancer

> only brought
> from her city
> the silver
> candlesticks
> the family tablecloth
> and the pallor
> of the padlocks
> buried
> within her bleeding
> skirts (147).

Palabras claves como "Vienna", "dancer" y "skirts" evocan la atmósfera urbana cuyos brillo, color y sonido son parte de un escenario festivo y hasta frívolo. Pero el término "wandering" definitivamente es el más fuerte del poema: su connotación con el de judío errante es prácticamente insalvable, y sirve de contrapeso al clima sugerido. Al mismo tiempo, el término "errante" es el que aparece contrapesado, y hasta rebajado y burlado en su seriedad, al ponerlo al mismo nivel que las frivolidades de la vida mundana. El poema es un recuerdo de un tiempo y lugar anterior, Viena y, simultáneamente, una relativización del concepto de errancia como destino y castigo. El contrapunto fotografía-poema funciona como una impronta instantánea de historia-experiencia de signo negativo o positivo. Esta dinámica que estructura también el conjunto del cuerpo de la autobiografía, abarca la historia que da cuenta de por qué estos individuos están donde están, y de la experiencia que nos conecta con sus ansiedades, ilusiones y pérdidas. Lo negativo, el judío errante, se transforma en positivo, la bailarina, a través de un deliberado juego con las palabras. Lo que más me interesa destacar en esta parte es cómo un elemento negativo puede, y sucede en este texto, transformarse en una gozosa asunción de identidad.

El uso de fotografías, o la referencia a ellas, es un recurso utilizado en otros textos que directa o tangencialmente se ocupan de temas relacionados con la historia familiar inmigrante. Por ejemplo, Ricardo Feierstein en su novela *Mestizo*, hace uso de unas cuantas fotografías, algunas supuestamente tomadas en Polonia y otras en Buenos Aires, a través de las cuales el protagonista trata de rearmar el rompecabezas de su vida. También Ana María Shua, en *The Book of Memories*, presenta a sus personajes en varias oportunidades observando y hablando de fotografías de familia. Un ejemplo sumamente rico es el de *Hotel Bolivia. The Culture of Memory in a Refuge From Nazism*, de Leo Spitzer, escritor nacido en La Paz y profesor de Historia en Estados Unidos desde 1969. En este libro Spitzer combina documentación histórica y relatos de miembros de su familia acerca de su experiencia emigratoria con fotografías e historietas relacionadas con el tema. Creo que las imágenes visuales crean la ilusión, en el narrador y en el lector, de que la historia es aprehensible, que contamos con documentos que pueden trazar un recorrido vital y que, finalmente, sabremos quiénes somos porque sabemos de dónde venimos.

Si bien Agosín no utiliza la gran variedad de materiales que aparece en el texto de Spitzer, comparte el mismo criterio en cuanto a unir lo grupal, familiar y personal utilizando información proveniente de diversas fuentes. Y lo que predomina es el uso de la familia como figura literaria central en la organización del texto y como material narrativo. Nora Glickman señala que esto constituye una de las características más salientes de la literatura judeo-latinoamericana de la generación de Agosín:

> Some are involved in this search through associations and images . . . starting with their own memories, they seek out those of their ancestors. Though this process, individual and historical, collective and personal merge into one . . . writing becomes searching, understanding, finding identity ("Jewish Women Writers in Latin America" 300)

La amalgama que se busca al sumar los recuerdos propios y los de los otros justifica el hecho de que Agosín haga un uso deliberado de la voz de su madre. Dice en una de las dos estampas en las que habla por sí misma: "[S]ometimes her voice rolls up like my own in order to confuse itself with the language of love" (4). Y continuando con la afirmación de Glickman, no nos sorprende que ambas se refieran a hechos cotidianos, caseros y muy privados que, al mismo tiempo, resultan el punto de partida para reflexionar acerca de toda la experiencia judeo-latinoamericana: desde la huída de Europa hasta el acento con el que estos personajes hablan el castellano, pasando por el uso de viejas recetas enriquecidas con nuevos condimentos, Frida/Marjorie funde presente y pasado en un cuadro que trasciende la familia Halpern/Agosín, para presentar una de las tantas historias que dieron lugar a la compleja geografía humana de Latinoamérica.

Mostrar la historia y personalizar la experiencia son dos objetivos que indiscutiblemente se plasman al hacer uso de esta selección de materiales. Al mismo tiempo, con estas fotografías y estos poemas, el texto que nos ocupa se alínea con otros textos del holocausto cuyo común denominador es la reconstrucción de la identidad judía y su relación con los países anfitriones a los que se dirigen los judíos europeos cuando comienza la persecución oficial de los judíos en Alemania a comienzos de la década del 30. En estos textos, que testimonian la inmigración de pre y posguerra, el narrador, ya sea testigo, sobreviviente o descendiente, evoca la tragedia, por sí mismo o por lo que le cuentan, tratando de ubicar su historia personal en relación a aquello que narra.

Elie Wiesel, sobreviviente de los campos de concentración, escritor y premio Nóbel de la Paz 1986, considera que la memoria es el tema obsesivo y central que domina su escritura. Y no en un sentido negativo sino porque "memory is a blessing: it creates bonds rather than destroys them. Bonds between present and past, between individuals and groups" (10). Es muy importante este concepto no sólo porque la memoria es capaz de establecer conexiones sino porque también puede crearlas para posibilitar un sentido de continuidad y pertenencia. No es que Agosín haya inventado estas conexiones, esta historia y estos seres queridos, sino que ha elegido considerarlos en base a un elemento común: su etnia y la historia implícita en ella. Olney, por ejemplo, piensa que la memoria es capaz de recuperar el pasado pero " . . . lo hace sólo como una función de la conciencia presente de tal forma que podemos recuperar lo que éramos solamente desde la perspectiva de lo que somos ahora" (*Suplementos Anthropos* 36). Efectivamente, yo creo que es ahora, en el momento de escribir, cuando el texto asume total y gozosamente la complejidad de la identidad. O sea, la idea de que el pasado visto con los ojos del presente, comprendido en toda su magnitud y aceptado en su integridad, puede echar luz sobre el destino de los individuos.

Agosín tiene una visión histórica del ser: la experiencia del grupo al que se pertenece, el poner en contacto presente y pasado, el recrear por uno mismo la experiencia de otros. Este es el modo de poner la vida propia en perspectiva, explicar por qué nos encontramos donde estamos y dar cuenta de las vivencias que nos toca afrontar. Justamente, los constantes cambios de país de residencia, la errancia, los progresos en la adaptación cultural y los logros cotidianos en el aprendizaje de nuevos idiomas nacionales son parte de un entramado que desconoce valores como identidad nacional o idiosincracia natural. Esta conciencia de lo contingente, pasajero y cambiante obliga a la autobiógrafa a crear una línea de continuidad que fatalmente está plagada de discontinuidades. Y, nuevamente, el uso de la voz de la madre cumple esta otra función también: hay una historia, hay un antes y un después, hay abuelos, padres, hijos, pero todos están separados por los cambios que ya mencionamos. La adopción de la voz de Frida por parte de Marjorie no es arbitraria o caprichosa, sino que responde a esta visión unificadora pero dislocada de las vidas de los miembros de un grupo.

Ahora bien: Agosín no intenta en este texto encontrar un punto en el espacio y en el tiempo de comienzo o de llegada, este texto no proyecta una teleología semejante. Como estamos viendo, es una historia plagada de discontinuidades, cortes y saltos cualitativos de diferente índole. Lo que une a este grupo al que pertenece la narradora es ese mismo cambio constante cuyo origen o motivación el texto no se pregunta. Clifford afirma en su análisis de las diásporas, justamente, que " . . . a shared, ongoing history of displacement, suffering, adaptation, or resistance may be as important as the projection of a specific origin" (306). Efectivamente, lo que se nos cuenta tiene que ver con esos momentos en los que se produce la suspensión de un orden cotidiano como ha sido hasta un cierto momento, y los comienzos de otro u otros con toda la carga de esfuerzos, disgustos y dificultades para retomar esa cotidianeidad y elaborar una continuidad. De modo que, en este texto, ese presente-pasado que se materializa como un todo ahora y, más precisamente, en el momento de escribir, es, en realidad, un conjunto desordenado, fragmentario, de conexiones laterales y parciales, de un judaísmo que cambia y se acomoda constantemente, cuya especificidad no es aprehensible como una esencia y cuyo origen no se encuentra en ninguna parte.

LEIT-MOTIFS

UNO DE los aspectos más llamativos de este escrito es el uso de elementos que aparecen y reaparecen a lo largo de los capítulos en una suerte de, precisamente, leit-motifs que conectan el devenir narrativo de unidades temáticas aparentemente aisladas. Los capítulos están organizados en base a temas, como por ejemplo, "Family Alliances" u "Osorno". Cada uno de ellos, a su vez, está constituído por pequeños trozos, cada uno con su subtítulo correspondiente. A veces, estos trozos pueden ser de cuatro renglones, otras de dos páginas. La concatenación histórica está a cargo del lector, no porque no haya orden, sino porque cada parte es una instantánea, como las fotografías. La fragmentación constituye el modus organizativo del texto por varios motivos: en primer lugar porque constituye una escritura preferentemente poética y, por ende, de carácter instantáneo; en segundo lugar, porque la memoria es concebida como fragmentaria y desordenada; y, finalmente, porque los recuerdos se le imponen a la escritora como pantallazos que vuelven obsesivamente.

Con respecto a esta fragmentación, dice Elizabeth Oran que la autobiografía inmigrante muestra la destrucción y construcción de una forma de vida y de una visión del mundo. Especifica que "[i]f the self that is represented seems fragmented, it is because these tasks of destruction and creation imply an apprenticeship in new roles, an effort to personal adjustment that leaves its traces in the individual and group personality" (*Passion, Memory, and Identity* 131). Como veremos en seguida, cada detalle está presentado como un hecho de suma importancia que, si bien parece individual, trasciende las peculiaridades de esta familia para reflejar la experiencia inmigratoria de todo el grupo.

Trenes

Uno de esos leit-motifs que mencionamos al principio de esta parte es el tren. Frida/Marjorie dice que al padre no le gustaba hablar de trenes porque para él sólo podían evocar los otros, los que transportaban animales y judíos. Contrariamente, en un pasaje sin interrupción, la narradora sueña con "mute and dark trains with cars filled with food and sugar . . . trains that will carry me and my Grandmother Helena through beautiful landscapes and pastures . . ."(29).

La autora torna lo negativo en positivo a través de su imaginación: Helena, bailarina errante de Viena y Frida/Marjorie, niña judía de Chile, dan un nuevo significado a los trenes. Los trenes llevan a la narradora de un punto a otro del país: el primer tren en el que viaja Frida es el que toda la familia toma al ir de Osorno a Valparaíso para recibir a Helena, recién desembarcada a puerto desde Viena. Concluye que "that train would not ultimately carry us to the gas chambers but to the blue of the Pacific ocean and into the arms of Frau Helena" (53). Mucho más adelante en su vida, Frida recordará que había sido en la plataforma de una estación de tren frente al océano y esperando una conexión con otra línea, donde conoció a su futuro marido.

El esfuerzo por cambiar el signo negativo de esta imagen refleja el esfuerzo que implica adaptarse a un nuevo lugar. Si bien el texto respira un sincero amor por Chile, es imposible no percibir lo laborioso que resulta integrarse al país. Y lo hace a través de transformar cada detalle de la vida cotidiana en algo especial, único, personal y, sobre todo, totalmente opuesto al país que se ha tenido que abandonar.

Paisajes, comidas, olores

Los bosques en sí constituyen otra imagen repetida, en la que la naturaleza funde el paisaje austríaco de sus antepasados y el chileno de su infancia: "I emerge from the unmasked shadow and suddenly, my house smells like the lilacs of Prater and the wild lilacs that bloom on the forests of my Chile" (177).

La emigración forzosa puede constituir una liberación, como en este caso, porque Chile ofrece a los familiares de Frida/Marjorie un refugio en los años inmediatamente anteriores al nazismo. Pero, al mismo tiempo, constituye una pérdida: el idioma, las costumbres, los paisajes, los olores, las comidas, en fin, todo aquello que es parte de la cotidianeidad, y que se da por descontada, cobra de repente una nueva dimensión y pasa a primer plano: "[L]andscapes dismember and fragment, make us realize that we are inhabitants of borrowed territories" (*Women of Smoke* 18).

El paisaje es extraño y conocido al mismo tiempo: por un lado es característicamente chileno y, sin embargo, las lilas, y en consonancia los bosques, los colores y los olores, de uno y otro extremo establecen la continuidad. Esta figura literaria le permite a la escritora salvar las distancias e inventar una unidad de experiencia sólo posible a través de las palabras. La realidad cotidiana es que en el exilio, como Agosín misma lo admite en relación a su residencia en Estados Unidos, se pierde la familiaridad y se adquiere esta extraña sensación de ser transparente, de que nadie nos reconoce (*Ashes of Revolt* 33). Para Robert Edwards, el exilio siempre acarrea un sentimiento de alienación con respecto a uno mismo ya que "[u]nder various disguises, exile means separation, banishment, withdrawal, expatriation, and displacement" (15).

En esta autobiografía hay muchas escenas en las que los personajes buscan remediar estos sentimientos de extrañamiento. La abuela Helena, nuevamente, juega un papel muy importante en este sentido. A Helena le gustaba recoger frutillas, comer strudel y enseñar a sus nietos a leer a Goethe en alemán. Pero el objeto que simboliza el paso del tiempo y la recuperación de las pequeñas cosas cotidianas, es el conjunto de almohadas y el edredón de plumas que Helena logra traer de Europa. Cuenta la narradora que, cuando Helena abandonó su casa de Viena, dejó algunas de sus pertenencias en casa de su vecino, casualmente el escritor y filósofo Martin Buber. Lo único que no quería abandonar era este conjunto de cama que había sido parte de su dote al casarse y que ahora está en posesión de su nieta. Frida describe un sueño en el cual el viento le arrebata las almohadas y el edredón pero, al invocar el nombre de Helena, el viento cambia de dirección permitiéndole recuperar su tesoro. Enigmáticamente, el capítulo termina con la siguiente observación: "I followed those disenchanted generations of the future" (146). Creo que esta frase podría interpretarse literalmente como el paso de objetos familiares de generación en generación; o que, algún día, pasarán de Frida a Marjorie. A otro nivel, es otra expresión de la búsqueda de continuidad que mencionamos más arriba en el medio de la serie de fracturas y discontinuidades de la historia del grupo. El capítulo dedicado a Helena encarna esta necesidad de elaborar un futuro en el que también quede incorporado el pasado, pero no ya como incorporación de un paisaje o elaboración gastronómica, sino como traspaso de mano en mano de las propias pertenencias y, con ellas, de una identidad.

Indígenas y cristianos

La presencia de la población indígena ocupa también un lugar muy importante en este texto y el intercambio entre ambos grupos étnicos se despliega en varios escenarios. Dado que en Osorno los niños judíos no podían inscribirse en escuelas privadas alemanas, aunque fueran descendientes de germano-parlantes como en el caso de Frida, o en las católicas, por obvias razones, nuestra protagonista se inscribe en la escuela pública, a la que también asisten los niños indígenas de la zona que, por otra parte, no tenían permiso de entrar a la ciudad. Aunque Frida/Marjorie tiene conciencia de resultar y sentirse diferente en este entorno, es precisamente el lugar en el que no se siente marcada desde afuera, o en el que se siente marcada positivamente. El compañerismo es inmediato: a causa de esa prohibición de entrar a la ciudad, la narradora acostumbraba a regresar a su casa por el camino más largo, es decir, seguía primero el recorrido de sus compañeros indios a través del bosque y luego retomaba su ruta.

Si bien la narradora es consciente de ser "blonde and remote, belonging to another culture and way of life" (79)en contraste con los niños indios o mestizos, se siente bienvenida y aceptada en el conjunto. En el marco de la casa también la combinación de culturas resulta simple, por ejemplo, sabemos que era siempre Carmencita, la mucama-niñera-cocinera de la familia, la que decidía qué color debía usarse para pintar la cocina de modo de ahuyentar las moscas o la que contaba historias de fantasmas y princesas. Carmencita es una figura típica del cono sur: mestiza en su aspecto físico y en sus creencias religiosas, en sus recetas y en sus medicinas caseras, la criada suele ser la persona que introduce el mundo del campo, del "interior", en las casas de familia de clase media. Sus historias fascinan a los niños, sus recetas hacen las delicias de los adultos y sus medicinas caseras, si bien son aceptadas con cierta reserva, se administran a los enfermos sin más.

Esta identificación entre dos minorías es representativa de un factor característico del discurso político latinoamericano. Gilbert Merkx menciona la hostilidad y la suspicacia con las que se describe a las minorías en el marco de la cultura popular de estos países. Este autor especula que uno de los factores que intervienen en la formación de esta actitud podría ser la debilidad de las instituciones nacionales, debilidad que les impide integrar en una misma nacionalidad la diversidad religiosa, étnica o de origen ("Jewish Studies as a Subject of Latin American Studies" 9). Por su parte, para Susana Rotker, la consecuencia más negativa de la discriminación es que "esa amenaza latente o activa constituye una identidad que muchas veces deriva en el autoaborrecimiento y, con más frecuencia, en una asidua búsqueda de raíces, en un perpetuo cuestionamiento de las nociones de identidad y pertenencia" (302).

Si bien este cuestionamiento constituye el tema central de esta autobiografía, el otro problema, el del autoaborrecimiento, tiene una presencia muy fuerte. Este sentimiento es característico de la tercera generación de inmigrantes y la familia Halpern/Agosín no escapa a esta tendencia. Aplicando el análisis de Irving Horowitz ("Jewish Ethnicism and Latin American Nationalism" 27), la primera generación, abuelos y bisabuelos de Frida, estaba básicamente preocupada por su supervivencia; la segunda generación, la madre y el padre (aun cuando el padre era inmigrante él mismo), se dedicó a adaptarse, mejorar económicamente y preparar un futuro para sus hijos; la tercera generación, la de Frida, oscila entre la afinidad con sus orígenes y el fastidio que provoca el ser marcada siempre como diferente.

El cristianismo es un punto de atracción y de reflexión muy importante para Frida/Marjorie. En varios momentos expresa envidia porque las otras niñas toman la comunión con una emotiva ceremonia y luciendo hermosos vestidos o festejan Navidad y Día de Reyes, eventos que ella asocia con cosas bellas, regalos, diversión y familia. Si bien el texto supera estos sentimientos de exclusión, o los asume gozosamente, como veremos más adelante, el malestar está presente: Frida/Marjorie asume que las niñas judías no tenían permiso de usar esos hermosos vestidos porque " . . . they were the daughters of the devil with horns in their foreheads and tails in their behinds, because they possessed the scent of sacrifice and sadness" (46). Esta afirmación muestra cómo el autoaborrecimiento parte de incorporar las cualidades, negativas en este caso, que se le adjudican al grupo en cuestión. Pero hay más. A veces, el sentimiento de no pertenecer y estar o ser de "afuera" surge de una exclusión de la vida social. La narradora cuenta que cada año, ya fuera Día de Todos los Santos o Navidad, "my brother and I considered ourselves diminished without history" (18). Esta exclusión, que podríamos llamar "natural" dada la filiación religiosa, es muy importante porque proviene de la absoluta imposibilidad de pertenecer a la mayoría. Con respecto a esto, dice Schers: " without the cultural values of the minority, only the values of the majority remain, leaving identity vacant and without positive attraction" (289). Efectivamente, ACAAS repite una y otra vez el esfuerzo de volver a esos valores de la minoría y, en el mismo gesto, de colocarles el signo positivo.

Lograr la visualización de este signo positivo en relación a la propia cultura no es fácil y, muchas veces, hay que comenzar por confrontar los sentimientos negativos que se albergan. A veces el autoaborrecimiento proviene de las costumbres o creencias de la propia cultura, cuyo origen no se alcanza a entender. Nuestra narradora, por ejemplo, se horroriza frente a la práctica de la circuncisión: la entiende como un acto gratuito de maldad, teme por su hermano menor, por su cuerpo y su vida en general, y llega a la conclusión de que es mejor el catolicismo que no exige estos sacrificios. Superar el autoaborrecimiento es trabajoso y, muchas veces, no se logra. En el caso de esta autobiografía iremos viendo qué materiales vienen en auxilio de Frida/Marjorie y cómo la ayudan en este camino de encuentro y aceptación.

Gabriela Mistral

Agosín le dedica a Mistral dos estampas: en la primera describe su visita a la escuelita pública de Osorno y en la segunda elabora su respeto y admiración por la poeta chilena. La descripción de la escuela evidentemente es un recuerdo de Frida, la elaboración posterior pertenece a Frida/Marjorie. Dice que la amó desde el primer instante porque todo el mundo se reía de ella y la llamaba judía roñosa y lesbiana repugnante, al tiempo que la acusaba de ser amiga de los desafortunados indios (83). Claro está, las acusaciones podrían haber estado dirigidas a Frida/Marjorie. Cuenta luego que Doña Gabriela era la maestra de sus tías en Temuco, región que pertenecía a una de las colonias judías más antiguas y distinguidas de Chile. Concluye que "Mistral talked to them about love and about the Jewish race; she gave them a sense of belonging in a sacred history and she spoke to them about usurped identity" (83).

Varias cualidades aparecen condensadas en la figura de Mistral acusada de reunir en su persona todo lo diferente, judía-lesbiana-amiga de indios, y de signo negativo. Lo más evidente: Mistral es un doble de cómo Frida/Marjorie se percibe a sí misma dentro del pequeño mundo del sur de Chile, señalada como judía en un sentido negativo y amiga de los indios, su compañeros de escuela. Lo más profundo: en la lucha contra el autoaborrecimiento que impregna el texto, Mistral tiene la palabra precisa o, al menos, la que Frida/Marjorie necesita para enfrentarlo. No solamente por el coraje de amar la raza a la que se pertenece, sino y más importante, por poner en palabras la problemática de la identidad, en este caso y según la autobiógrafa, usurpada. Y el término no podría ser más adecuado.

En otra parte nos relata la historia de Ana Morgenstein, una mujer llegada a Chile como refugiada de Alemania. El padre de Frida activamente trabajaba en una organización denominada Federación Judía de Santiago, cuya misión era recibir a esos inmigrantes y ayudarlos a instalarse. En el caso de Ana, la familia Halpern la hospedó en su casa, de modo que Frida y su hermano convivieron con esta mujer aprendiendo canciones en alemán y escuchando historias de la familia Morgenstein. Ana comenzó a trabajar como institutriz para una de las familias más ricas y antiguas del sur de Chile para enseñar a los niños "strict German discipline and the wisdom of Goethe" (31). La condición: esconder su Estrella de David y cambiar su nombre por el de Fraülein Douglass. Agrega: "On Sundays she could be seen attending mass, but they never convinced her that Jews have horns in their forehead" (31). La relación entre la frase "identidad usurpada" en boca de Gabriela Mistral y la historia de Ana Morgenstein y su forzada asimilación, no necesitan mayor explicación. Schers afirma que uno de los disfraces del antisemitismo consiste en obligar al judío a que circunscriba su identidad a ser persona, ciudadano o miembro de un movimiento, excluyendo su judaísmo. Sostiene también que "to kill his Jewishness by convincing him that it is negative, is an elegant , if frequently unconscious, anti-Semitism that is effective because it is internalized by the Jew himself" (293).

Ana Morgenstein se rebela contra esta "sentencia de muerte". El problema de los cuernos, presentado ya más arriba, parece tener una resolución, aunque parcial, en su historia privada: el no lograr convencerla de que, por ser judía, tendría los cuernos de Satanás, habla de su obstinada negativa a asumir la identidad según la definen los de afuera, a dejarse "usurpar". En la pequeña historia de este texto, apreciamos este relato como una minúscula pero significativa victoria contra el autoaborrecimiento. En cierta manera, Mistral pone en palabras la experiencia de Ana, a tal punto que, tanto la autoridad para definir la propia identidad como el permiso para amarla viene de la mano de la escritora. Doña Gabriela representa, para la autobiógrafa, la herramienta ideológica y la materialización verbal para luchar contra el autoaborrecimiento. Así como Gabriela Mistral lleva de la mano a la narradora en su tortuoso camino de búsqueda, no menos importante y definitoria es la presencia implícita y explícita en ACAAS de otra escritora, Anne Frank.

Anne Frank

Más allá de mencionar explícitamente a Anne un par de veces, ACAAS está inmerso y en diálogo permanente con el diario personal de la mucho más joven escritora alemana. La familia de Agosín solía tener muchas fotografías familiares en diferentes lugares de la casa y una de ellas era, justamente, la de Anne Frank, probablemente la que aparece en la portada de su *Diario*, la más famosa. En *Ashes of Revolt*, Agosín le dedica un capítulo completo y allí dice: "There was something in her face, in her aspect, and her age that reminded me of myself" (37). De esta enumeración, el elemento más importante es la edad: Anne recibió su diario como regalo de sus padres cuando cumplió trece años y la narradora dice en ACAAS que "at that time I was thirteen years old, and I used to hear emigrants tell stories of terror and agony in the living room of my house"(85). Esto no es sólo un detalle o una coincidencia: la autobiografía en su concepto general y en los aspectos particulares contiene una multitud de elementos en juego intertextual con la obra de Frank.

Empecemos, entonces, con las fotografías. Cuando Anne nació, Otto, su padre, un entusiasta y excelente fotógrafo aficionado, comenzó un álbum fotográfico dedicado a ella; con el tiempo, sería Anne la encargada de continuar esa tradición familiar. En su diario aparece un sinnúmero de fotografías de ella sola, con su familia y con amigas y parientes más lejanos, normalmente con comentarios al margen. Fotos de pasaporte también son un elemento en común: una costumbre de la familia Frank era tomarse fotos de pasaporte anualmente para mantener su documentación actualizada, así que duplicaciones de estas tomas se recuperan en el diario.

Si bien la fragmentación es el formato característico de un texto que se va armando a intervalos temporales, también es interesante observar que Anne nunca deja temas sueltos por mucho tiempo. Como en ACAAS, a preguntas planteadas en un determinado momento, el lector encuentra, si no respuestas, al menos acotaciones agregadas más tarde, lo que otorga unidad de sentido a pesar de los cortes temporales.

Así como Frida, y luego Marjorie, cambiaron de lugar de residencia varias veces durante sus vidas, Anne pasó de una ciudad a otra de Alemania cuando niña, para luego instalarse en Holanda ya adolescente, y finalmente ir de Polonia a Alemania, donde murió.

Asimismo, la afinidad con los libros y los escritores es muy marcada en la familia Frank y en Anne en particular. De hecho, hay una fotografía en la que aparece Margot, su hermana mayor, posando delante de la biblioteca familiar, bastante extensa por cierto, con libros en alemán. Muy similar es la atmósfera en la familia Halpern/Agosín: cuenta Frida que gracias a su abuela Helena, la dama de Viena, aprendió alemán desde muy pequeña, y que fue capaz de leer poesía y filosofía. Para Frida, los libros son el reino de la utopía y el remanso que otorga el refugio: "For my grandmother books were like homes where Jews could live united as in the kingdom of dreams" (151).

También para Anne su abuela era muy importante y muy querida: en la leyenda explicativa a una fotografía tomada en la playa utiliza los adjetivos "dulce" y "pacífica" para referirse a su "granny". En general, lo que estos dos textos tienen en común es el hecho de que sus temas, si bien giran alrededor de las pequeñas historias de familiares y amigos de los cuales ambas narradoras sienten que tienen mucho que aprender, alcanzan la envergadura de una historia grupal. Lo que Agosín valora en el *Diario* es que "beyond being a personal memoir, is the public and the collective account of a history that made itself heard" (*Ashes of Revolt* 41).

El judaísmo de Frank suele aparecer en sentido negativo también, no por rechazo, sino por las dificultades del entorno. Cuando piensa en cuán afortunada es por estar escondida, contrariamente a otros conocidos que han desaparecido, lamenta que todo suceda sólo porque son judíos. Varias veces, sueña con el momento en que los judíos dejarán de serlo y serán considerados "solamente personas". El medio es hostil, como en Osorno, ". . . a region of foreigners, Nazis, natives, and a few Jews" (81).

Pero probablemente lo más importante es que tanto Anne como Frida/Marjorie utilizan la escritura para expresarse y reflexionar. Y es en este aspecto en el que yo observo el grado de intimidad que la narradora establece con el texto de Frank. En 1942 Anne dice, por ejemplo: "paper has more patience than people" asumiendo que nadie se interesaría en " . . . the musings of a thirteen-year-old schoolgirl" (6). La paciencia a la que se refiere no tiene que ver tanto con su significado literal, como con la idea de que escribir es una manera más apropiada para elaborar sus pensamientos. Más adelante explica que lo que se dispone a hacer no es escribir acerca de hechos, como supuestamente debería hacer en un diario, sino entablar una conversación con ella misma (7). Para Anne también la escritura es una vocación, y la decisión de hacer de ella su vida está ya tomada en 1944. Ese año escucha en una emisora de radio holandesa en el exilio que, luego de la finalización de la guerra, el gobierno querría armar una colección de escritos, especialmente cartas y diarios, que describieran los sufrimientos del pueblo holandés durante la ocupación alemana. En ese momento, Anne decide que, una vez terminada la guerra, publicará su diario como libro. Da comienzo, entonces, a una serie de revisiones, correcciones y rescrituras que resultan en muchos de los comentarios que aparecen en la versión definitiva y en los que admite que su escritura, "the best thing I have" (195), está mejorando mucho.

Otro elemento interesante es que sabemos que Anne, como Agosín, escribe poesía, cuando anota que terminó de escribir un poema y que es hermoso (12). A diferencia de Frida/Marjorie, sin embargo, no lo incorporó al diario. Por último, como las estampas de ACAAS, muchas de las entradas en el diario tienen un subtítulo que anticipa el tema al que se va a referir. La conexión entre ACAAS y el *Diario*, en resumen, se apoya, primeramente, en el contenido, ya que la experiencia de Anne durante la guerra le permite a Agosín recoger material de primera mano, como el que le facilitan sus familiares, y seguir el hilo de la historia. También sirve de modelo para una escritura que se apoya en la experiencia personal e íntima, en la pequeña historia, pero que echa luz sobre la historia del grupo en su conjunto. Finalmente, el texto de Frank deja ver el nacimiento de una escritora, no por datos externos o biográficos, sino a través del desarrollo del texto que genera ese mismo impulso de escribir. Leer el *Diario* es como ver el nacimiento de Anne como escritora desde el centro del proceso mismo.

Dios, Chile

La narradora mantiene intensos diálogos seculares con Dios, y aunque esta expresión parezca una contradicción en sus propios términos, no lo es. Estas conversaciones no son disquisiciones teológicas sino preguntas retóricas y expresiones de rabia y desilusión. En una estampa de dos renglones llamada simplemente "Joseph" dice: "My father says that believing or not believing doesn't matter; what is important is speaking with God" (87). Y así resulta a través de toda la autobiografía: Frida/Marjorie utiliza el diálogo con Dios para, por ejemplo, rebelarse contra la intolerancia.

> I like to argue with God. I fight with Him and believe that He isn't everywhere because if He were, then why did He abandon my Aunt Alma dead in the invisible hallways of Poland? And why does my father have numbers marked on his soul? . . . He isn't everywhere because if He were, the little German girls would not spit at me and would not call me a dirty Jew (57/58).

No son preguntas ateas sino, como señalé más arriba, seculares. El hecho de rebelarse contra los inescrutables designios de Dios no le impide a Helena, por ejemplo, respetar el sábado, prender las velas y pedir "peace for the Indians, for her dead sisters, and for the children on the last trains of terror" (143). Continúa explicando que a pesar de no rezar ella misma, Frida gusta de hablar con Dios y mostrarle su enojo cuando le pregunta "about those who have no homeland" (143). Este desafío lleva la pregunta implícita pendiente que tiene que ver con si Chile es o no el punto de final de la errancia, si se lo puede llamar "hogar".

Uno de los aspectos que más impactan en esta autobiografía es el afecto con el que Frida/Marjorie se refiere a su país. Desde definirlo como "a country I can return to and call my own" (94) hasta el aprecio que siente por "the tolerance of the Chilean people" (93) en oposición a la realidad europea, este texto es la expresión de la búsqueda de ese hogar definitivo al cual se puede pertenecer. En *Women of Smoke* subraya este deseo: "I was taught to integrate myself completely into our environment because it was 'ours'. I savoured the recollection of certain smells . . ." (9). Creo que esta insistencia en pertenecer a un lugar y de afirmarse presentada, por otra parte, tan obsesivamente, hace que el lector finalmente se pregunte si es verdaderamente cierto. No porque dude de ese afecto sino porque duda de la consecución de ese objetivo. En otras palabras, parece más una expresión de deseo que una realidad. Al comienzo mismo del primer capítulo confiesa:

> I graze my memory and shake her long locks of hair not knowing if I tell what I invent or if I invent what I tell. I wish to talk about a mythical and mythmaking country, on the southernmost tip of the planet. It is called Chile. A fertile and generous land, it is a country of deluded wanderers and poets (1).

Yo creo que esta confesión inicial resume, antes de comenzar el relato autobiográfico, lo que venimos explorando en este análisis. Por un lado, desfilan ante nosotros una serie de aventureros, refugiados y solitarios que deciden irse al punto más olvidado del planeta. Un lugar lo suficientemente hermoso pero aceptablemente inexplorado como para dar lugar a la vida de una familia, al progreso económico, a la seguridad. Pero todo es efímero: a cada paso hay resistencia y dificultades o franca oposición y prohibición. Si bien puede disfrutar del paisaje, los olores y los sabores del país anfitrión, también debe aceptar y ajustarse a la realidad chilena que, como ya vimos, no está tan alejada en lo político de la Europa que se quiere dejar atrás. Con Chile llega también un nuevo idioma y con él un sinnúmero de posibilidades. Dice que ama el español porque "it tastes like something sweet and remote . . . it is a language for love" (150). Acá nuevamente, la palabra "remoto" parece la más importante, ya que no sólo connota con lejano sino, y muy importante, con desconocido y diferente. Es un idioma no contaminado emocionalmente con la vida europea: solamente si se está adecuadamente lejos se puede comenzar el experimento de hacerse al país y de hacerlo de uno.

MEMORIA Y ESCRITURA

EL USO de los recuerdos es la característica principal de la escritura autobiográfica; el problema es el carácter esquivo de la memoria. Varias veces afirma que la memoria es intermitente y fragmentada (1), parecida a un cañamazo cuyas fibras están conectadas pero cuya trama permanece abierta; en otras palabras, una trama donde hay lugar para ir agregando más fibras. Creo que en esos agujeros de la trama se hace lugar a la historia de los otros, la misma historia, a veces, pero contada desde otro espacio físico o desde otro tiempo. Dice: "I talk about what I saw in those years, I tell my story and that which was told to me by the foreigners who arrived at this lost and girded land between the Pacific and the Andes" (3).

Es por este carácter incorporativo de la memoria que la narradora suma más y más elementos hasta ir tejiendo un tapiz de muchos colores, de retazos de experiencia. Hay partes que Agosín no puede recordar por ella misma, y es Frida la que viene a llenar los huecos. Como ya dijimos en otras partes de este estudio, los recuerdos de la madre se funden con las reflexiones de la hija quien es, por otra parte, la responsable del tramado final y del clima emocional de la obra. El formato tradicional de la autobiografía queda de lado, pero no su objetivo: organizar en el papel su propia historia para lo cual debe conducir su investigación en todas las direcciones posibles. Los caminos de la narradora apuntan a dos categorías de contenido: el repertorio literario posterior al holocausto y el repertorio judeo-latinoamericano.

S. Lillian Kremer analiza exhaustivamente la creación literaria de este grupo de escritores, especialmente de aquellos que nacidos en este continente no vivieron ni fueron testigos de las experiencias de la Segunda Guerra. Un tema muy útil de su análisis es el que se refiere al problema de la autoridad frente a lo que se relata, autoridad que proviene del espíritu investigador, por un lado, y de la creación artesanal del escritor, por el otro. Según ella, los escritores "incorporate eyewitness characters in their narratives and use the eyewitness trope, thereby establishing immediacy and creating the perception of authority" (26). Así es que en ACAAS los datos que provienen de Frida, Helena y Joseph, para mencionar sólo los más nombrados, se integran a la imaginación artesanal de Agosín para elaborar el sentido de una experiencia. Mientras los datos provienen de estos personajes, la impronta emocional y la interpretación de esos datos son obra de la creatividad de la narradora. Gracias a este formato, la historia no es, o no es solamente, un arsenal informativo sino una experiencia. Afirma la autora en *Passion, Memory and Identity* que la memoria no echa luz solamente porque tomamos los recuerdos de los que narran, sino también porque incorporamos las preguntas y el intercambio entre narradores y escuchas. Sólo cuando incorporamos en el texto ambos participantes la memoria se transforma a sí misma y deviene verdaderamente iluminativa (XIX). Y, en esta autobiografía, hay varios participantes.

Retomemos las fotografías. Comentábamos más arriba que las fotografías funcionan com documentos que registran el paso del tiempo y lo que aconteció durante ese lapso. Sin embargo, también podemos agregar ahora que las fotografías aseguran la presencia de un grupo de interlocutores con los que la narradora trata de establecer un diálogo. Estos interlocutores, en su mayoría, están muertos o directamente ya no existían en el momento en que arrancan los recuerdos, de modo que el diálogo se da entre la narradora y un interlocutor imaginario. Estas fotografías, además, por su mera presencia en el texto, ponen en evidencia la certeza de la falibilidad de la memoria y la convicción, no explícita, de que la memoria es, en última instancia, una construcción del presente, del presente en el que Agosín escribe.

Hemos comentado también cómo Anne Frank expone al lector sus más íntimas reflexiones cuando se dedica, día tras día, a conversar consigo misma de todo aquello que a nadie le interesaría. En algún momento asegura que sólo así puede liberarse de la imagen impuesta sobre ella por otros miembros de la familia. Los muertos de las fotografías no dialogan con el narrador en una realidad fuera de la única con la que cuentan: la textual. Son, definitivamente, las voces del escriba mismo en diálogo previo, íntimo y separado de las otras, más reales fuera del texto pero menos útiles cuando de desbrozar el pensamiento se trata.

Otro "personaje" que funciona con las mismas características es Dios. Decíamos que este diálogo secular con Dios se nutría de preguntas y reproches, cuando no de franco desafío frente a la intolerancia. Nuevamente, esta conversación no sale, no puede salirse, de los límites y del terreno del texto mismo. Resumiendo, creo que todos los diálogos adquieren existencia en un acto de desdoblamiento de la narradora en voces internas que pueden tener lugar sólo en el mundo real de la escritura. Las grandes preguntas que han torturado a las generaciones posteriores al holocausto son todas del mismo tenor y tienen que ver con cómo se dejaron matar o por qué no se defendieron; qué esperaban que sucediera o por qué no se suicidaron. Son preguntas sin respuesta o con respuestas íntimas, parciales y personales del que se atreve a hacérselas a sí mismo.

Este, al igual que otros textos autobiográficos, resulta de un intento de dar sentido a una vida. Loureiro dice que "la verdad de la autobiografía no reside en la verdad intrínseca de lo que se narra sino en su capacidad de dar forma a una vida, de producir autoentendimiento. Y es la única verdad que podemos esperar de una autobiografía: la creencia, de quien escribe, en su propia verdad" ("Autobiografía: el rehén singular y la oreja invisible" 7). Dar sentido, organizar, encontrar continuidad: he aquí lo que ACAAS produce a lo largo de estampas que van, fragmentadamente, recogiendo datos de la realidad histórica, social e íntima de una familia: esta producción, timoneada por la artesanía de la escritora, es la "verdad" que Agosín logra diseñar. Y, teniendo en cuenta la Historia y el momento de la escritura, es prudente volver la mirada a la situación de los escritores e intelectuales latinoamericanos a partir de la década del 70.

Los escritores judeo-latinoamericanos de la generación de Agosín sufrieron otro golpe a su posición relativa en el devenir histórico de la sociedad en la que se encuentran. Para una generación nacida, criada y educada en alguno de los países del cono sur, cuyo compromiso con la realidad política y social es incondicional, los acontecimientos de la década del 70 y el consiguiente exilio, en el mejor de los casos, o la violencia y la censura a su creación, es otro golpe importante, no sólo a su participación política sino también a su sentimiento de pertenencia. El desencanto y la desilusión hacen que los escritores vuelvan la mirada, nuevamente, a la historia, a cómo llegaron a estar donde están y a qué posibilidades hay, para un escritor comprometido, de volver a sentirse en casa. Es en este momento crucial en el que esa mirada se vuelve, no hacia la historia oficial, sino a la pequeña historia, la historia familiar.

Dice Senkman al respecto:

> "The majority of these writers investigate memory as an act of individual and collective identity. They share the traits of 'anamnesis', which is the effort of remembering by one who has forgotten for a long time" ("Jewish Latin American Writers and Collective Memory" 34).

Estos escritores han crecido en una Latinoamérica que fue siempre su país, su idioma y cultura, y deben ahora revisar todas sus asunciones y recomponer su identidad asumiendo una parte a la que no habían prestado mucha atención hasta ese momento, como si hubieran "olvidado" parte de la historia. En la lucha que establece este texto entre asumir o no lo que uno es y entre qué y cómo asumir esa amorfa suma de elementos que lo constituye, vemos el trayecto que lleva a la narradora del malestar a la aceptación gozosa de la identidad. A la afirmación de Joseph de que es muy difícil ser judío, Agosín responde: "I still think there is a lot of truth in his words, but more than anything there is a lot of beauty and good fortune" (177).

Una posibilidad era someterse y olvidar: "In order to fight against the traffic of sadness, one should forget the word 'pogrom', forget the fire, and hide the Star of David deep within the fearful and moaning breast" (25). La otra: escribir y, al hacerlo, recordar el intenso deseo de olvidar aquello que produce tanto malestar. Paradójicamente, lo que sucede es que, a través de la escritura, la narradora, paso a paso, no sólo es capaz de recordar sino también de transformar el malestar en aceptación. No casualmente confiesa que la memoria es como un baúl de ecos mágicos, como una brújula (1), que va desbrozando el camino.

CAPÍTULO 3

Adolfo Bioy Casares

CLASE SOCIAL

INTRODUCCIÓN

ADOLFO BIOY CASARES (Argentina, 1914–1999)publicó su autobiografía *Memorias. Infancia, adolescencia y cómo se hace un escritor* en 1994, al cumplir ochenta años, ocasión que dio lugar a un buen número de entrevistas y a variados homenajes en su honor. Esta es una obra de madurez, escrita con el estilo directo, económico y muchas veces burlón característico de su autor. El texto se divide en cuatro partes: la primera, la única que no lleva subtítulo, consta de 22 capítulos en los que relata desde experiencias infantiles y su vida de estancia, hasta el encuentro con Borges y Silvina Ocampo, pasando por sus largos e interesantes viajes y sus famosos amoríos. La segunda consta de un solo capítulo titulado "Miscelánea de recuerdos" en el cual presenta instantáneas de anécdotas varias o reflexiones u opiniones. La tercera parte, con dos capítulos, se llama "Historia de mi familia," y en ella nos enteramos de las respectivas experiencias inmigratorias de los Bioy y de los Casares y, finalmente, la cuarta y última parte a la que dedica seis capítulos, "Historia de mis libros," describe y critica su producción literaria comenzando por aquellos libros iniciales que luego no publicó. La edición que nos ocupa incluye también fotografías de sí mismo, de su familia y de sus amigos pertenecientes al archivo personal y familiar. Las leyendas que las acompañan, en tercera persona y estrictamente descriptivas, no pertenecen al autor sino, aparentemente, al editor. Seguiremos en este estudio el orden elegido por el autor según se presentan las partes.

"PRIMERA PARTE" Y "MISCELÁNEA DE RECUERDOS"

Estanciero

Como señalamos más arriba, estas partes son la más extensa y la más corta respectivamente, y las que contienen el relato ordenado de los acontecimientos de la infancia, adolescencia y juventud del autor. La primera oración, "soy descendiente de estancieros por los dos lados" (9), es muy importante porque encuadra todo lo que se leerá más adelante. Por ella nos enteramos no sólo a qué clase social pertenece sino que, y muy importante, en el momento de escribir él ya no se considera un estanciero sino sólo un descendendiente. Este interesante y complejo grupo social, cuya vida se desarrollaba entre el campo de la provincia de Buenos Aires y la capital, sufrió cambios muy marcados a lo largo del siglo XX[1].

El lapso que va de 1880 a 1910 aproximadamente constituye una época de oro para la oligarquía argentina y el gobierno conservador que la representa: hay estabilidad política, la inmigración está en pleno apogeo, tanto el consumo como la inversión local y extranjera satisfacen las necesidades de una industria naciente y crece en las ciudades una clase media con gran empuje y capacidad de trabajo. El campo, por su parte, es una mina de oro. La explotación racional de la tierra con su división en sectores para ganadería y agricultura, más el desarrollo técnico que permite la conservación de la carne por frío artificial en los barcos que transportan mercadería hacia Europa, resultan en una fuente de riqueza tal que muchos propietarios arriendan las tierras y se instalan en la ciudad donde llevan una vida snob y dilapidadora, no exenta de viajes al exterior y contacto estrecho con las últimas novedades culturas que encuentran en Europa. Incluso la Primera Guerra Mundial fue una fuente de divisas muy importante por la demanda de alimentos de los países en conflicto, y frente a la cual, de paso, el gobierno argentino mantuvo una estricta neutralidad.

Esta situación cambia en dos momentos cruciales: primero, durante los gobiernos radicales de Hipólito Yrigoyen y Marcelo T. de Alvear, 1916–1930, cuya representatividad de las clases medias, si bien no afectó económicamente a la clase ganadera, representó la pérdida de su indiscutible conducción política. El segundo momento ocurre en 1930 cuando por primera vez en la historia argentina un golpe militar destituye a un gobierno civil elegido democráticamente. La llamada "década infame," 1930–1943, creó un sentimiento de escepticismo con respecto a la democracia, especialmente entre los conservadores tradicionales, quienes, aunque en principio apoyaron el golpe, ven definitivamente perdida su real injerencia en asuntos de gobierno. Esto no quiere decir que se les hayan modificado sus privilegios de clase y menos aun sus asuntos financieros en lo que respecta al campo, pero es muy importante porque este grupo social se va a mostrar reiteradamente incrédulo con respecto a la política y la validez de posturas ideológicas.

Para darnos una idea de lo que significó esta década, bastará la mención de un par de ejemplos. Por el lado positivo, nace la revista *Sur,* fundada en 1931por la ensayista y escritora Victoria Ocampo, y Borges empieza a publicar su *Historia universal de la infamia* en el diario *Crítica,* de bastante circulación en el momento. Pero, al mismo tiempo, se suicidan la poeta Alfonsina Storni y el escritor, poeta y crítico Leopoldo Lugones en 1938. En 1935, Carlos Gardel, el más famoso cantante de tangos, muere en un accidente de aviación. Tanto lo positivo, la apertura y creatividad literarias, como su contraparte, los destinos trágicos de gente de la cultura, dan como resultado ese clima descreído y hasta cínico de la realidad en el seno de la sociedad en su conjunto que se ve reflejada, incluso, en letras de tango, como " Cambalache", del letrista Enrique Santos Discépolo. Sus versos

> es lo mismo el que labura noche y día como un buey / que el que vive de los otros, que el que mata / que el que cura o esta fuera de la ley [2],

describen e interpretan esta atmósfera de desorden social.

Estos cambios se ven en acción en el seno de ambas familias y empezaremos con los Bioy. El bisabuelo Bioy compró e inmediatamente arrendó un campo de la provincia de Buenos Aires en 1835 y se volvió a su país natal, Francia. El abuelo del autor es el que se instala en 1850 en su propiedad, haciéndola crecer económicamente y preparándola para época más fructífera lograda y disfrutada por Adolfo Bioy, el padre del autobiógrafo. Cuando se refiere a la segunda generación de Casares y Bioys, es decir, a su padre y a su madre, el autor apunta que eran "gente culta, honesta, aficionada a las mejores cosas de la vida"(9). Si bien no aclara cuáles son las mejores cosas de la vida, asumimos que se refiere a la vida en la capital, la constante participación en la actividad social y cultural urbana de las familias ricas, a los deportes que preferían practicar y a los viajes al exterior.

En este sentido, Bioy hace como al pasar, pero con detalle, una verdadera ostentación del ocio. Describe los deportes a los que le gustaba dedicarse, todos ellos muy costosos y apropiados a la clase a la que pertenece: rugby, polo, tenis, equitación; también detalla su afecto por los animales, consignando las fechas y los nombres de los perros, todos del mejor pedigree, que poseyó durante su vida; también nos enteramos de los lugares que frecuentaba, siendo los más ilustrativos el Jockey Club y el Buenos Aires Tenis Club donde también podía cosechar interesantes conquistas amorosas.

Asimismo se dedica a describir su casa en Buenos Aires, en uno de los barrios, aun hoy, más aristocráticos de la ciudad. La Recoleta no sólo reúne vecinos con apellidos ilustres, sino también construcciones estilo europeo de una época de gran prosperidad en la vida argentina que nunca se iba a volver a repetir. La aristocracia le otorga mucha importancia al barrio y a la casa: ambos elementos definen una categoría de persona, un estilo y un poder adquisitivo claramente prohibitivo para otros grupos sociales. Esta tendencia a definirse por el barrio y la casa, por otra parte, le es muy útil a este grupo social a la hora de crear alrededor de sí mismo ese halo de lejanía e inaccesibilidad que mantiene y refuerza el mito que sus mismos integrantes se han ocupado de crear. Osvaldo Soriano comenta que "Bioy Casares nació y vive en la Recoleta, uno de los pocos lugares de la ciudad que todavía se parecen a Europa. Ahí cerca está el cementerio de notables y patricios, pero el barrio es artificial y sin encanto", muy diferente al de los personajes literarios de Bioy que habitan "un Buenos Aires sobrenatural y siniestro con domicilios precisos" ("El más perdurable" 15). Soriani se refiere a barrios apartados y sórdidos, a pasajes escondidos y a calles casi abandonadas. Por ejemplo, en su novela *El sueño de los héroes*, el personaje central se mueve en un espacio de "patético desprestigio" (Bastos, 43) yendo de un pueblito perdido de la provincia de Buenos Aires, Tapalqué, a la capital donde termina residiendo en Saavedra, un barrio que prácticamente está los límites de la ciudad. Asimismo, muchos de los personajes de Bioy sufren de este desprestigio. En una entrevista afirma que "el perdedor es mucho más simpático [que el ganador], tanto para el autor como para el lector. Los triunfadores, por su arrogancia, por lo estúpido de cualquier triunfo, no son muy llamativos" (Riera, y Russo 6).

Bioy Casares solía pasar sus vacaciones veraniegas en el campo, ya sea en la estancia de los Casares o en la de los Bioy, hasta la edad de diez o doce años. A partir de ese momento, la familia empezó a ir a la ciudad balnearia de Mar del Plata que con el tiempo, y a medida que se transformó en destino veraniego de la clase media capitalina, fue reemplaza por otras opciones más exclusivas[3]. Pero, volviendo al campo, el relato de Bioy nos sumerge en un mundo paradisíaco. Desde sus experiencias con los animales, entre perros adorados y domas de potrillos, hasta las siestas dedicadas a la lectura y los paseos con los amigos, la atmósfera de la campiña es la contracara de la vida capitalina.

Cuenta Bioy que en 1935, a la edad de veintiún años, se instaló en el campo para hacerse cargo de la administración de la estancia de Pardo, Rincón Viejo, perteneciente a los Bioy. Si bien comenta que fue uno de los períodos más felices de su vida, reconoce que, como administrador, fue un absoluto fracaso. No tenía imaginación, le faltaba conocimiento de las finanzas y no ponía la debida atención a la parte comercial del oficio, a pesar de lo cual se vanagloria de haber comprado siempre y vendido nunca, uno de los orgullos del buen estanciero. Allí confiesa que "aunque por diversas razones puedo ser considerado un hombre de ciudad, debo pertenecer al mundo campesino"(144). Y esto tiene que ver con lo que señala Fernández Vega, según quien

> la estancia es la patria, la 'tierra del padre' y se hereda como un establecimiento pero también en tanto soberanía. Es una comunidad territorial de hombres y mujeres que trabajan y dependen de ella, incondicionales del patrón (115).

En una entrevista con el músico Fito Páez y el escritor Rodrigo Fresán, justamente, comenta que para él pasan más cosas, y más interesantes, en la ciudad que en el campo, pero que el tema de la soledad del campo en un sentido literario tiene mucho más encanto. Su alegría del campo se ve empañada al comentar que "cuando fui al campo, sentía que me veían como un chico venido de Buenos Aires, a pesar de que en ese pueblo de Pardo . . . la palabra Bioy es bastante de ahí" (30). El extrañamiento acompañará a Bioy en muchos aspectos de su vida: campo-ciudad, viajes, personajes literarios y actitud política.

Tampoco tiene las cualidades humanas que la gente del campo esperaba de él, según había sido la experiencia de los peones con el padre y el abuelo de Bioy. En una estructura comunitaria como la de la estancia, el patrón no sólo debe saber hacer buenos negocios y mantener la fuente de trabajo para sus empleados sino también debe ser buen mediador, ofrecer el consejo adecuado y saber escuchar los problemas de su gente. Para Bioy, hombre cosmopolita y mundano, este aspecto del mando constituyó otra frustración: "poco a poco comprendí que la gente esperaba de mí lo que estaba acostumbrada a esperar de mi abuelo y de mi padre: la solución a sus problemas. Comprendí también que inevitablemente los defraudaría" (140).

Lo que marca más agudamente la distancia entre los otros Bioy y nuestro autor, es el hecho de que el abuelo y el padre eran personajes muy importantes en el pueblo de Pardo; por ejemplo, la escuelita y la calle principal llevan el nombre del abuelo, Juan Bautista. Pardo fue bastante importante ya que llegó a tener una población de 4000 habitantes, un periódico local y un cine. Juan Antonio Lázara anota, para subrayar el sentido de pertenencia de los Bioy a Pardo, que "el verdadero cronista de la región es el doctor Bioy [padre de Bioy Casares], quien supo recoger toda la tradición oral de Pardo y volcarla al papel para perpetuarla" (14). Si bien Bioy Casares expresa con mucho pudor sus sentimientos con respecto a su padre, como todo lo que tenga que ver con sentimientos, a medida que vayamos avanzando veremos cuán importante, y en más de un sentido, fue su figura para nuestro autor. Podemos adelantar, sin embargo, para ilustrar la observación de Lázara, que el doctor Adolfo Bioy, además de haber sido un excelente administrador y de haber participado muy activamente en asuntos de la política nacional, fue el cronista del pueblo de Pardo. Sus dos textos autobiográficos, *Antes del 900 (Recuerdos)* de 1953 y *Años de mocedad* de 1961, combinan su historia personal y la crónica del pueblo, en la que aparecen los peones, las faenas y, algo muy apreciado por los patrones, las historias narradas por estos gauchos, maestros del cuento oral.

Lector

El contacto de Bioy con la lectura empieza oralmente: tanto su madre como su padre le cuentan relatos populares, generalmente cuentos de animales; relatos literarios, como las fábulas de Iriarte, La Fontaine y Samaniego, autores con los que, además, se solía introducir a los niños en la literatura hasta muchos años después de la infancia de nuestro autor; y poesía, especialmente argentina y patriótica, como los poemas de Mármol, Mitre, o las obras del repertorio gauchesco, como las de Ascasubi, Estanislao del Campo y José Hernández. En su texto, Bioy cita los textos transmitidos por sus padres, agregando sus primeras impresiones acerca de ellos desde una perspectiva, claro está, de la infancia. Generalmente, toma partido en cuanto a los personajes como si fueran personas reales cuando comenta que "la historia de Martín Fierro me atraía y me apenaba, pero el episodio de los negros me disgustó siempre" (21). En esta escena, Fierro se presenta como un vulgar matón que desafía y asesina al negro delante de su mujer sin ningún motivo valedero. También agrega su apreciación actual del poema como texto literario dando ejemplos de estrofas en las que reconoce una calidad excepcional y diferente. Con respecto al vocabulario, Bioy es bastante crítico con respecto al uso incorrecto de palabras en relación al contexto. Como muestra de este puntillismo bastará un ejemplo: desdeña el uso del término "corcel" en un texto de Mármol, mientras que avala el uso de "flete" en otro de Estanislao del Campo ya que ésta es una denominación gaucha de caballo y no de tradición ajena como la primera.

Andando el tiempo se dedica a la lectura de escritores como Collodi o Stevenson, con respecto a los cuales también, más que comentarios, ofrece la descripción de la vivencia de esas lecturas y de los capítulos que más le interesaron en su momento. Como adulto, su repertorio de lecturas es universal; lo más llamativo es la manera en que es capaz de fechar con exactitud los años correspondientes, tanto en este texto como en su "Autocronologías", de lo que fue leyendo en diferentes momentos de su vida. Si bien no es muy claro por qué Bioy es tan meticuloso en cuanto al orden de sus lecturas, se puede aventurar que el hecho de hacerlo muestra la importancia que el autor otorga a la formación como escritor desde su posición de lector y a la influencia que esas lecturas ejercen sobre él.

Para Bioy, la lectura es una experiencia, y, probablemente, de la máxima importancia para su formación como escritor. En una parte confiesa su "sospecha de que la práctica de la lectura a casi nadie se le da complacientemente. Sin embargo, debería uno recordar que si no lee, pierde irremisiblemente uno de los más gratos prodigios de este mundo" (52). No sólo el placer sino también el despertar de una vocación. Cuenta acerca de una novela de Gyp, una escritora francesa al parecer muy audaz para la época, que despertó en el joven aspirante a escritor el deseo de imitarla.

De este breve pantallazo podemos ya ver cómo el autobiógrafo se "hace" a través de la enumeración de los textos que jalonan su formación literaria. Sylvia Molloy reflexiona acerca de las "escenas de lectura" en la literatura latinoamericana, y concluye que "el construirse a través de la lectura es una forma privilegiada de hacer patria" ("El teatro de la lectura: cuerpo y libro en Victoria Ocampo" 14). Efectivamente, el argentino culto y distinguido, no necesariamente en lo económico, se precia de su rico acervo cultural tanto nacional como internacional; más aun, ser argentino se define como lo abierto a los productos culturales del mundo cuyos contenidos se incorporan a una identidad ecléctica y bien informada. Por otro lado, la infancia de Bioy transcurre en un período de la historia argentina, como mencionamos al hablar de Gerchunoff, en el que la vuelta a lo telúrico del modelo nacionalista se había transformado en mucho más que una moda intelectual: era parte de una reacción contra lo que se veía como los peligros de la infiltración inmigratoria. De allí que sus padres representen, en la selección de materiales literarios, una síntesis de lo que en ese momento era comportarse como argentino patriota.

Escribidor

Bioy Casares dedica considerable espacio a sus reflexiones literarias, sus opiniones y relaciones con escritores, especialmente Borges, y el mundillo literario de su momento. Si bien menciona una y otra vez sus problemas de timidez e inseguridad, esto no es óbice para que describa su línea de pensamiento y finalmente sus convicciones literarias a través de la experiencia vivida a lo largo de muchos años en la profesión de escritor. Su pasión lo lleva, después de muchas idas y venidas y con el apoyo de su futura esposa Silvina Ocampo, a abandonar la carrera de abogacía, primero, y la de letras después, para dedicarse exclusivamente a escribir.

El lector es tema de mucha atención. Es el objeto final de la invención, el destinatario con el que desea comunicarse y al que pretende entretener. Pero hay más en el lector que un mero destinatario: para Bioy el lector es la medida de la sensatez. Según sus palabras, "... tal vez el lector [real] no exista, pero yo creo en él" (Páez, Fito y Rodrigo Fresán 32). La sensatez que brinda la relación entre escritor y lector es muy íntima en Bioy: se autocritica y se ve criticado en la reacción de los demás. Sin embargo, su pasión por la literatura y su deseo de hacer literatura de calidad le jugaron una mala pasada en los primeros años:

> Mientras tanto la imaginación y los sueños me proporcionaban historias que diligentemente yo convertía en páginas que, inéditas o impresas, se transformaban en agobiadoras pruebas de mi incapacidad de lograr una pieza literaria aceptable. Cuando publicaba un nuevo libro, antes de mirar la apenada cara de los amigos, sabía que lo había malogrado; ingratas relecturas me lo demostraban de sobra (61).

Esta "incapacidad" es verdadero motivo de sufrimiento por muchos años: explica que uno de sus errores iniciales fue el deseo de escribir con todo el idioma utilizando, como dice aquí, el sueño, la irreflexión y la locura. El surrealismo, que influyó tanto en Bioy en estos momentos iniciales, quedará descartado una vez que abandone lo que caracteriza reiteradamente como su arrogancia juvenil, ese deseo de crear algo original y nuevo y hacer entrar su nombre en la historia de la literatura.

La vanguardia literaria argentina se nucleó alrededor de las revistas *Martín Fierro* y *Proa*, cuya estética apunta a la "remoción del lenguaje tradicional, importando la poesía del ultraísmo español y el surrealismo francés, la pintura cubista, el teatro expresionista, el cine de vanguardia y la música dodecafónica" (Matamoro 58). Los martinfierristas son acusados, especialmente desde una izquierda esquemática y rígida, de proponer una "literatura estetizante, destinada a un público aparentemente sin connotación social ... definido por su carácter de amante del arte " (Matamoro 57). El deseo de probar una teoría le impide a Blas Matamoro poner al martinfierrismo en perspectiva y apreciar la multiplicidad de elementos e ideologías personales que coexisten en esta corriente estética. Bioy Casares, por ejemplo, abandona muy pronto el surrealismo cuando observa "que se trataba de un mecanismo que funcionaba bastante mal y que era, en esencia, rudimentario" (Torres Fierro, "Las utopías" 60). En realidad, Bioy no estaba buscando una literatura no-comprometida y alejada de lo circunstancial, sino una estética que le permitiera apelar a la inteligencia y la capacidad de juego de un lector bastante subestimado, por otra parte, por una literatura que pretende instruirlo a través de una historia construida con el objeto de comunicar una ideología política preestablecida.

Un ejemplo interesante del respeto por parte de Bioy hacia el lector y su capacidad de criterio es la lista titulada "En la literatura hay que evitar," en la que ofrece un pequeño compendio de lo que no se debe hacer al escribir. Termina resultando una descripción de la batalla desesperada del autor por encontrar su estilo. Algunos puntos interesantes: desestima las curiosidades y paradojas psicológicas así como también los trucos para sorprender al lector. Rechaza el uso del color local, al que considera "un elogio irracional de la barbarie, de la ignorancia y de la desidia" (Grieco y Bavio 169) y los agüeros, malos o buenos, basados en coincidencias meteorológicas. Considera síntoma de pobreza lingüística la riqueza de vocabulario per se y los sinónimos. Finalmente, le resulta inaceptable el lugar común, como por ejemplo, los fantasmas en novelas fantásticas o los enigmas y la muerte en novelas policiales (81–84).

La famosa actitud burlona y distante de Bioy parece más producto del afecto que de la arrogancia. Apunta que "me place reírme de lo que más quiero, quizás en un secreto afán de sentir que ese amor es desinteresado, puro . . . me río de las mujeres porque son los seres que más ocupan mi atención y con las que tengo más conflictos" (67). Las mujeres, su padre, Silvina Ocampo y, en general, casi todos los asuntos que incluyen personas aparecen a distancia, casi con pudor. Por ejemplo, de sus amoríos, que lo acompañaron antes y durante su matrimonio, sabemos fechas y lugares en que conoció a una determinada mujer y alguna descripción sin demasiados detalles, pero nunca transmite el tipo de sentimiento que predominaba en sus relaciones o la razón por la que se distanciaba de ellas. Sólo sabemos que se enamoró locamente y nada más. Con respecto a Silvina en particular, hay pocas menciones también. A la pregunta de si se arrepiente de haberle sido infiel a su mujer, sólo comenta que "me hubiera gustado serle fiel a Silvina y haber tenido también todos los amores que tuve" (Ruso y Ranieri 12). Y eso es todo. Este pudor o elegancia no es sólo un rasgo de personalidad o una manera de suavizar un conflicto, sino un elemento integrante del compendio de reglas que mencionamos más arriba: para Bioy es importante crear un espacio entre narrador y lector para liberar a este último del sentimentalismo romántico que tanto desprecia.

Así como hablamos de la escena de la lectura, Bioy nos acerca bastante a su lugar perfecto, algunas veces ideal pero otras real, para escribir: el campo. Cuenta que le hubiera gustado acceder a un lugar aislado como una remota isla del Pacífico para concentrarse en su escritura, pero que a falta de ella una "isla, menos espectacular, más a mano, fue el campo del Rincón Viejo, que mis padres habían dado en arrendamiento" (66). El hecho de no poder escribir en cualquier parte y de constantemente imaginar lugares propicios es otro ejemplo del esfuerzo que requiere de Bioy la práctica de la escritura y la consecución de un lenguaje propio. Estilísticamente, todo lo importante debe ser banalizado o subvertido levemente en su sentido inicial para que posea valor literario. El caso del campo es interesantísimo: allí Bioy imagina un relato en el que el campo aparecería como un lugar "aparentemente benévolo . . . pero que poco a poco destruía a sus pobladores" (66). Yo creo que estas distorsiones se asemejan a la burla en tanto y en cuanto ponen distancia y acuden a la inteligencia del lector más que a su sentimentalismo. De allí también la fascinación que le produce la novela policial con su trama de relojería.

Borges

En más de un sentido la amistad entrañable con Borges, tanto en lo personal y como en lo profesional, resulta invalorable para Bioy. En 1932 Victoria Ocampo organizó en su casa un almuerzo de escritores al que había invitado a Bioy porque su madre, Marta Casares, era amiga de la familia Ocampo y le había comentado a Victoria que su hijo "escribía." Borges tenía 33 años y Bioy 18. Confiesa Bioy que "para mí, la amistad con Borges fue un regalo de la suerte. Fue la primera persona que conocí para quien nada era más importante que la literatura. Para él la literatura era lo más real" (109). La primera conversación entre ellos, sin embargo, no tuvo que ver con la literatura sino con la política y la convicción de la imposibilidad de ser coherentes o lúcidos. Este tema tiene enorme repercusión en Bioy Casares no sólo con respecto a lo político en sí sino también con respecto a la literatura. Para Bioy, la llamada literatura "comprometida" es una manera de hacer negocio en una determinada coyuntura política y de alejarse de la naturaleza más genuina de la escritura. El compromiso, en todo caso, es con la literatura en sí, con el texto que se pretende ofrecer: "la fidelidad a una suerte de idea platónica de la historia contada" (Martino 31). Incluso llega a burlarse de los críticos que tienden a considerar a los escritores sociales como más humanos que los que juegan con la narración, en busca más del placer del lector que de su instrucción o moralización. Lo que Bioy en última instancia propone es una revalorización del relato por su mérito intrínseco. Afirma, criticando al mismo tiempo, que sería bueno "convencer a los escritores argentinos del encanto y los méritos de las historias que cuentan historias" (88).

Es muy conocido el repertorio de obras en colaboración entre Bioy y Borges[4]. El que quizás no sea tan conocido es el primero de esos trabajos en conjunto: el folleto "Leche cuajada de La Martona. Estudio dietético sobre las leches ácidas," escrito en 1937 (Martino 166). En un momento en que la estancia de los Casares en San Martín, provincia de Buenos Aires, estaba al borde de la ruina, un tío del autor, Vicente Casares, decidió convertirla en la lechería más importante del país. Fue tan exitosa la empresa que "La Martona y lechería fueron durante muchos años, para el porteño, sinónimos" (159). Con el propósito de promover sus productos, este tío le pidió a Bioy que escribiera el folleto aparentemente científico al que siguieron dos más sobre la leche y sobre el huevo. Este trabajo les mostró a ambos autores que la colaboración literaria era posible, que afortunadamente no había tensión competitiva entre ellos y que, lo más importante, les resultaba muy divertido. Para resaltar el recuerdo de la experiencia placentera de la creación en colaboración, recuerda el autor que trabajaron en el comedor de la estancia tomando cacao caliente para combatir el frío y deleitándose con el sonido de la madera crepitando en la chimenea.

Bioy resume bellamente lo que Borges significó en su vida literaria:

> Comentados por Borges, los versos, las observaciones críticas, los episodios novelescos de los libros que yo había leído, aparecían con una verdad nueva y todo lo que no había leído, como un mundo de aventuras, como el sueño deslumbrante que por momentos la vida misma llega a ser (78).

Sur

La relación de Bioy con la revista literaria *Sur*, que nació en 1931 bajo el aliento de Victoria Ocampo, fue bastante ambigua por no decir francamente adversaria. Uno de los problemas eran las preferencias literarias: para Bioy los gustos de los miembros de la revista estaban guiados por los nombres prestigiosos,

> aceptados entre los 'high brow', la gente 'bien' de la literatura, 'bien' no por nacimiento o por dinero, sino por la aceptación entre los intelectuales. Pensé que allá preferirían ese criterio al personal, y al que hubieran tenido si realmente les gustaran los libros (95).

Hay muchos aspectos interesantes en esta cita. Primeramente, Bioy rescata, nuevamente, el placer que otorgan los libros contra el criterio que él considera snob por parte del grupo Sur: no gustar realmente de los libros sino utilizarlos como carta de presentación de una intelectualidad dudosa. Por otro lado, hace una referencia interesantísima a la alta sociedad, refiriéndose más a una "verdadera" aristocracia del intelecto que a una clase económica. Esta mención de lo verdadero, más ligado a la cultura que a lo económico, parece encubrir la inquietud creada por la inmigración en la sociedad bonaerense. Estamos en la década del 30, el proceso inmigratorio ha culminado ya las oleadas más numerosas y se plantea ahora la recuperación de lo propio, emblema nacionalista enarbolado por la intelectualidad porteña y la aristocracia misma. Dice Sebreli que "la aristocracia del espíritu, en un país invadido por permanentes oleadas inmigratorias, es aquella que está fuertemente enraizada en el país . . . es una propiedad heredada e intransferible . . ." (*Buenos Aires, vida cotidiana y alienación* 41).

El análisis de la función y de la problemática que queda encarnada en *Sur* merece un párrafo aparte. Si bien los miembros fundadores de la revista pertenecen a una determinada capa de la sociedad, los temas que les preocupan exceden lo que podría ser específico de una clase privilegiada. Básicamente, *Sur* está inmersa en una discusión de la que participan también otros sectores sociales e intelectuales, y que se dio en llamar la "preocupación americana:" en otras palabras, la eterna búsqueda de una identidad propia, el diseño de esa identidad a través de diversos elementos locales y la muy importante función de la cultura extranjera y su incorporación en el quehacer de la intelectualidad nativa. Sostiene Beatriz Sarlo que desde su perspectiva de "revista cosmopolita . . . *Sur* se movía con la convicción de que la literatura argentina precisaba de este vínculo con la europea y norteamericana; agitó la idea de que la actividad de importación . . . cerraba los huecos de la cultura argentina" (Sarlo 262).

Bioy también participa de esta incorporación-construcción de la nacionalidad, pero a través de otros materiales y recursos. Por ejemplo, se muestra escéptico con respecto a los grupos de discusión literaria, las tertulias y la vida bohemia del escritor, todas actividades practicadas asiduamente por la gente de *Sur*: "yo creo que donde hay una vida literaria intensa hay mala literatura. La gente se pasa hablando en el café y no escribe en su casa," comenta respondiendo a una pregunta de Saúl Sosnowski ("Entrevistas" 56).

Viajero

Bioy comenzó a viajar dentro del país y al exterior desde que tenía 10 años y el viajar se transformó en una de sus pasiones más intensas. Los padres lo llevaban tanto a las termas de Cacheuta en Mendoza como a las pirámides de Egipto, de donde surge su placer sensual y su valoración del viajar como una experiencia intelectual indispensable. Cuando se le preguntó en una ocasión en qué radicaba el placer de viajar, contestó que "como en tantas cosas, en la mente, en el recuerdo" ("El viajero incansable" 21).

Es así que en el 49, en el 51 y en el 54 estuvo en Europa paseando por Inglaterra, Suiza y Francia. También viajó a Nueva York en el 49 (donde ya había estado con sus padres en el año 29), para encontrarse con Victoria Ocampo y su grupo de intelectuales estadounidenses. En los años 71 y 72, llevado por un lumbago muy rebelde, estuvo en ciertas termas de la Saboya francesa. Volvió a Francia varias veces entre el 72 y el 75. También menciona viajes a Brasil y Uruguay. Del viaje del 49, a Londres, cuenta Bioy que se observaba y se sentía la economía de guerra a la que estaba constreñido el país. La siempre precaria salud de Silvina Ocampo la tenía obsesionada con la debilidad y la anemia, por lo cual la noticia muy frecuente de que no quedaba más carne en los restaurantes le preocupaba mucho.

Hay mucha información en esta anécdota: por un lado, la extrema dificultad para adaptarse, en este caso a otra dieta, es una característica que Oscar Hermes Villordo señala en el viajero argentino. Dice que el argentino rico, viajero y culto muestra un "apego a formas de ser (de las cuales, sin embargo, nos burlamos) que son defectos antes que virtudes en la convivencia, como creemos" (29). Por otro lado, revela un primitivo amor a lo propio, aunque más no sea a través de un bastante recalcitrante nacionalismo gastronómico. Como ya dijimos anteriormente, Bioy Casares, una vez más, se ríe de aquello que ama y que, al mismo tiempo, le produce conflicto.

Otro aspecto llamativo de esta anécdota con respecto a los años de sus viajes es que durante esos períodos Argentina pasaba por momentos muy difíciles en lo político y social. Entre el 45 y el 55 tenemos el peronismo y en los 70 la seguidilla de gobiernos militares y su consecuente ola destructiva tanto en lo referente a vidas humanas como a la economía del país. En ningún momento en su autobiografía, hace Bioy mención alguna a asuntos de esta índole y, menos aun, a los efectos que esos asuntos podrían haber tenido en su vida y en su carrera de escritor. Esta actitud nihilista y desapegada de la clase alta argentina surge, como señalamos más arriba, con el advenimiento de un período liberal, que abrió las puertas a la clase media, y se consolida durante los años 30 cuando los militares irrumpen en la vida política del país. En el diálogo citado con Saúl Sosnowski dice Bioy sin entrar en detalles pero con evidente congoja: " . . . no me puedo olvidar de esa Argentina que era una realidad espléndida y una gran esperanza" ("Entrevistas" 55). Menciona una obra inspirada por su prejuicio contra los políticos, un cuento, en el que no hay personajes "sino fantoches arbitrarios y estúpidos. Lo que les ocurre poco puede importarle a los espectadores o a los lectores" (189). Se refiere al cuento "Homenaje a Francisco Almeyra," escrito en 1952, en el que ataca al peronismo encubiertamente, retrotrayendo al lector a una Buenos Aires dominada por Rosas y cuyo héroe es un unitario exiliado en Montevideo.

Su desapego o nihilismo no es total, sin embargo. Me refiero a un hecho importante que Bioy no menciona en su texto: su participación, junto a otros escritores, de las protestas que desde la SADE (Sociedad Argentina de Escritores) se hicieron oír durante el gobierno peronista. Según Oscar Hermes Villordo, combatir a Perón desde la SADE "produjo la saludable paradoja de juntar a aquéllos que, por su natural individualismo e independencia, son reacios a toda asociación" (*Genio y figura* 49). Recordemos que, al tiempo que la reacción de la SADE es una respuesta a la represión ideológica y cultural del gobierno peronista, Perón constituyó una verdadera amenaza en lo económico para la clase agropecuaria bonaerense. Rodolfo Borello coincide en esto cuando menciona la insistencia del gobierno en "la necesidad de abandonar el campo como productor fundamental de bienes" y su deseo de promover un desarrollo de la "industrialización que se hizo a costa de un visible desmejoramiento de la producción agropecuaria" (73)[5].

Para volver al tema de los viajes, no me parece que el viajar responda únicamente al típico snobismo del estanciero, más propio de la generación anterior. Muy al contrario, así como las vicisitudes de la política argentina alejaron definitivamente a la oligarquía del poder sin afectar su nivel económico, los viajes al exterior son parte de ese distanciamiento y de un reciclaje del concepto de civilización y barbarie. Un ejemplo bastará: el eterno lumbago que sufre Bioy durante casi toda su vida adulta lo lleva muy a menudo a buscar alivio en las termas de la Saboya francesa, cosa notable si tenemos en cuenta que Argentina posee excelentes centros termales en sus cuatro puntos cardinales.

"HISTORIA DE MI FAMILIA"

TANTO los Bioy como los Casares son familias inmigrantes, francesa la primera y vasca la segunda, cuyas fechas de arribo distan alrededor de 50 años. El primer Bioy, como ya mencionamos, llegó a Argentina en 1835 para volverse a Francia luego de comprar y arrendar un campo. En 1850 llega el abuelo, Juan Bautista Bioy, para instalarse, trabajar la tierra y criar ganado. Los Casares habían inmigrado mucho antes, alrededor de 1807, pocos días antes de que se produjera la segunda invasión inglesa al Río de la Plata. El primer Casares, de hecho, se alistó en uno de los batallones que enfrentó a los soldados ingleses en diferentes puntos de lo que hoy es la ciudad de Buenos Aires. Este primer inmigrante se dedicó a la construcción de barcos, con los que favoreció la explotación del intercambio comercial con Europa. El enfrentamiento entre Bioys y Casares es bastante típico: los advenedizos contra los patriotas generó bastante roce y no pocas incomodidades para Bioy; sin embargo, en ambas familias hubo miembros muy conectados a los círculos de la política nacional. Lo más interesante de estas historias tiene que ver con la importancia e influencia que Marta Casares y Adolfo Bioy, sus padres, tuvieron en la vida de su hijo.

De su madre recuerda las historias que le contaba cuando niño, la ansiedad que le producía la lejanía de esta mujer muy atareada con la vida social y cultural de su pequeño círculo aristocrático y la exigencia moral impuesta sobre su hijo de una vida dedicada al trabajo y a la seriedad. De estas historias, la que cita en su texto se refiere a un cuento de animales "que se alejaban de la madriguera, corrían peligro y, luego de penosas dificultades, volvían a la madriguera y a la seguridad" (13). Estos cuentos obligan al narrador a reflexionar acerca de la falsa seguridad, "como si de allí se desprendiera una imagen del destino del hombre" (Torres Fierro, "Las utopías" 48). Más adelante desarrollaremos esta idea con mayor detalle, pero podemos adelantar que la falta de seguridad planteada acá en relación al hombre en general se puede asociar, nuevamente y a un nivel social, con la pérdida de la seguridad que le produce a la oligarquía argentina su alejamiento del escenario político.

De su padre, por el contrario, tiene recuerdos más íntimos y más asociados a la vida de campo y a la literatura. En realidad, el padre resultó un modelo que luego el hijo seguiría. En términos generales, podemos afirmar que

Adolfo Bioy encarna el modelo tradicional del estanciero de la época del centenario: involucrado en la política argentina desde la presidencia de la Sociedad Rural Argentina hasta la subsecretaría de Relaciones Exteriores y luego el ministerio de la misma cartera; viajero incansable por los sitios más tradicionales y por los más exóticos; hombre de a caballo respetado y querido por sus peones. Como si esto fuera poco, persona culta y distinguida que sabía de memoria poemas gauchescos, era un escritor singular. Comenta Juan Antonio Lázara acerca del texto autobiográfico de Adolfo Bioy en tres volúmenes, que introdujimos más arriba, agotado y no reimpreso desde hace muchos años, describiéndolo como "un manual de la microhistoria de la pampa" y un "reflejo de la vida urbana de principios de siglo" (14): época dorada para los estancieros, en la que el poder económico y político están fundidos en una entidad única de una manera que ya no se iba a repetir más. Lo más significativo para Bioy Casares es el interés y el apoyo que recibió de su padre cuando pensó seriamente dedicarse a la carrera literaria: a pedido del hijo, corregía sus escritos, le recomendaba editores y hasta pagaba impresiones.

Algo que compartían padre e hijo era el sentido del humor y el gusto por la conversación. Adolfo Bioy murió en 1962 y su hijo se lamenta: "Soy el último Bioy. No me queda sino aburrirme" (Martino 232). Nuevamente, creo que hay un ingrediente social en este aburrimiento: Bioy Casares ya no es el estanciero-cosmopolita-político que fuera su padre. En esta autobiografía vemos la verdadera cara de los herederos de una época dorada.

"HISTORIA DE MIS LIBROS"

EN ESTA parte Bioy Casares hace una revisión ordenada de su producción comenzando por aquellos textos que nunca publicó. Nos describe tanto las circunstancias en que fueron escritos como las alternativas de la edición, traducción y tirada. Es de interés resumir algunos de sus comentarios ya que en ellos hay conceptos claves en lo que atañe a su manera de concebir la obra literaria. Dice que en el cuento "De los dos lados" incluído en su colección *Historia prodigiosa* hay elementos autobiográficos, especialmente "recuerdos de infancia, siempre difíciles de manejar en la ficción; por un inexplicable proceso, el encanto que tienen en la memoria del autor adquiere una dulzura repugnante en la página escrita" (169). Pero no siempre lo autobiográfico produce tan malos resultados, sobre todo cuando lo relatado se ubica en lugares físicos o temporales que el autor visitó y recuerda en el momento de escribir. Recuerdos de la ciudad de Santos, por ejemplo, tienen que ver con los ruidos y los olores matutinos percibidos desde la cabina del barco que hacía la travesía de Buenos Aires a Europa. Lo autobiográfico aparece también, como no podía ser de otra manera, conectado con los pueblos de la provincia de Buenos Aires. En el comentario al cuento "El calamar opta por su tinta," reconoce que "la vida en pueblos o en barrios me gustó siempre; los pueblos de la provincia de Buenos Aires son mi fragmentada patria chica" (175).

En el cuento "La obra" aparece la dedicatoria a un enigmático E.P., que, confiesa, no era una de sus mujeres amadas sino el nombre del concesionario de un balneario marplatense. Compara su tarea artesanal de escritor con la de este individuo: "creo que el orgullo que [Enrique] Pucci sentía por su obra, toldos que armaba y desarmaba, caminos de tablas en la arena, es una apta metáfora del que los escritores sentimos por la nuestra" (174).

Las dificultades de llevar una historia entrevista mentalmente al papel y transformarla en narración para ser leída y no escuchada son muy evidentes para Bioy. Describe brevemente un argumento para una novela que, oral y sucintamente, promete ser interesante y atractiva. Desafortunadamente, el resultado no fue ni interesante ni atractivo porque "hay un largo trecho entre la versión oral de una historia y la versión escrita" (196). Más aun, en conversación con Torres Fierro afirmó que sólo se conoce profundamente un tema cuando se lo escribe ("Las utopías" 49). En cuanto a los géneros literarios, Bioy está convencido de su artificialidad arguyendo que resultan de querer ordenar algo que, por su naturaleza, escapa a toda clasificación.

Este texto concluye de una manera casi casual con la descripción del cuento "El cuarto sin ventanas" que toma como tema una preocupación que arrastra desde su infancia: el anhelo de imaginar el límite del universo. Con su característica autoburla critica elegantemente este cuento, convencido de que "el chico que fui no hubiera considerado mi cuento como una respuesta satisfactoria" (197). En el contexto de esta autobiografía, la pregunta infantil acerca de los límites del universo queda también asociada a los límites de la existencia de una clase política que ya no lo es más. En otras palabras, este último relato redondea la idea de que las *Memorias* terminaron siendo una pintura nostálgica de la pérdida de una posición central de una clase social en el escenario de la historia argentina.

ABURRIMIENTO

EL CONCEPTO de aburrimiento tematiza en forma bastante abarcativa los contenidos de las *Memorias*. Recordemos que la mención a este sentimiento aparece en relación a la muerte del padre, Adolfo Bioy, y que, prácticamente, es todo lo que sabemos al respecto. En ese aparte sobre su padre Bioy Casares se lamenta especialmente porque no podrá compartir con él las charlas en las que el humor ocupaba un lugar privilegiado. El humor en forma de burla e ironía para aplacar el aburrimiento es una constante, por otra parte, de la producción literaria de Bioy en su conjunto. De hecho, el estilo narrativo de Bioy en este texto no difiere sensiblemente del que utiliza en sus ficciones. Estas similitudes llevan a Mireya Camurati a analizar sus diarios personales para preguntarse retóricamente si "al escribir sus ficciones Bioy deja vía libre a lo autobiográfico, o si al redactar estos diarios opera en ellos la imaginación y modalidad del cuentista" ("Bioy entre diarios", 17). Pero hay algo más en relación a su estilo. Si bien esta autobiografía es un texto serio y sincero, la ironía que se filtra en ella tiene que ver con la ambigüedad que experimenta el escritor con respecto a lo que escribe. Cuando María Angélica Bosco le pregunta si está en contra de las autobiografías, Bioy contesta que como lector no, pero que como autor, muy pronto el género le comunica "la vanidad de todas las cosas. Parece que hubiera un elemento de esterilidad en las autobiografías . . ." (Martino 59). Quizás la esterilidad tenga que ver con el concepto que da título a esta parte de nuestro análisis.

En su interesantísimo trabajo sobre el aburrimiento, Seán Desmond Healy explica que una de sus características es la experiencia de falta de sentido de la propia vida, ya sea en relación a una situación particular o a una total experiencia vital (10). En su manifestación extrema, el aburrimiento parece provenir de la percepción de un abismo entre los deseos propios y la manera en que uno se encuentra forzado a vivir (43). Encuentro esta descripción muy acertada con respecto a Bioy: recorre su autobiografía ese abismo en forma de una cierta tensión entre, por ejemplo, ser de la ciudad y desear ser del campo o entre ser escritor y sentir que debe ser abogado, académico y estanciero. Pero lo más llamativo es que esta tensión no le viene de afuera, es decir, no menciona nunca una insistencia y expectativa muy fuerte por parte de sus padres. Sólo su madre, Marta Casares, aparece a veces descripta como una figura querida y necesitada pero distante y muy exigente. En realidad, todo sucede en su interior, son todas batallas libradas en su propia mente.

Y efectivamente, para Bioy, todos sus fracasos son la clara manifestación de su inadecuación actual con respecto al pasado de sus ascendientes: no es abogado, ni político, ni patrón de estancia como su padre y su abuelo Bioy, como tampoco es soldado y patriota de la vieja guardia, como su bisabuelo Casares. En un momento de su *Memorias* recuerda que luego de escribir el cuento "El lado de la sombra," que su padre leyó poco antes de morir y del que gustó mucho, se sintió muy feliz al creer que ahora el padre

> estaría más tranquilo en cuanto al camino que eligió su hijo; las letras en lugar de la abogacía y la consideración que la sociedad reserva para el hombre serio . . . Probablemente para un padre, un hijo ya hombre, por más querido que fuera, salió de sus esperanzas y de sus planes . . . A lo mejor hay vanidad y ceguera en creer que un buen cuento puede compensar la desilusión de un padre por los yerros de su hijo. En todo caso mi madre,

como alguna vez lo referí, murió probablemente convencida de que su hijo defraudó las esperanzas despertadas por *La invención de Morel* (174).

Además de la tristeza personal que lo lleva a los 80 años a continuar sintiendo que en aquel momento había defraudado a sus padres, esta afirmación condice con nuestra interpretación de la irresuelta inadecuación de Bioy Casares frente a lo que lo rodea. Pero lo que él percibe como expectativas constituyen su propia conciencia de lo que él debería ser. El deseo de Bioy no apunta a una añoranza real por algo, ser estanciero por ejemplo, porque si fuera real reflejaría sus inclinaciones y no fracasaría en su empeño, sino a todo lo que trata de acomodar pero que no condice con su vocación: de allí la manera de presentarse al comienzo mismo de su autobiografía como "descendiente" de estancieros, no como estanciero él mismo. Y la fotografía de tapa no podría ser más ilustrativa: en ella aparece Bioy Casares, con el atuendo campestre de un patrón de estancia y la actitud del que está recorriendo propiedades, montado a caballo contra el telón de fondo de la estancia. Luego de leer el texto, esta fotografía resulta irremediablemnte ambigua: es al mismo tiempo el Bioy soñado, ser estanciero, y el real, un hombre a caballo pero que no pertenece a ese lugar.

El antropólogo estadounidense Ralph Linton escribió que es posible que "the human capacity for being bored, rather than man's social or natural needs, lies at the root of man's cultural advance" (citado en Healy 43). En este contexto, su inadecuación a todo lo esperable de un hombre de su clase es lo que permite que Bioy Casares se cree a sí mismo en el mundo de las letras, no ya como un pintoresco y divertido cronista del campo bonaerense, como Adolfo Bioy, sino como un inventor. De allí, justamente, que su autobiografía termine con una detallada revisión de su producción literaria: al cumplir 80 años y con todo el mundillo literario revoloteando a su alrededor, éste es el Bioy Casares que el narrador nos hace conocer a lo largo de la lectura. Su búsqueda y rechazo posterior del surrealismo, su acercamiento y conflicto con la gente de *Sur*, su aprendizaje en compañía de Borges, sus listas de lo que se debe o no hacer al escribir: todo constituye el retrato de esta construcción personal.

Pero también comentábamos que el aburrimiento se podría interpretar más ampliamente y, en ese sentido, nos referimos al aburrimiento de una clase social que ya no aparece envuelta en ese halo glamoroso que otorga el ser estanciero-viajero-político y que la caracterizó hasta la generación de Adolfo Bioy: el aburrimiento encarna la absoluta inadecuación de este grupo social. No porque haya perdido su poder económico, aunque ya no resulte tan contrastante con el de las otras clases sociales, sino por la pérdida definitiva de la hegemonía política y del atractivo social que seducía a otros sectores. Bioy Casares pertenece a la generación que ha heredado un nombre, propiedades en el campo y casas en barrios suntuosos, pero que resulta inadecuada en el presente frente a su pasado ya legendario.

Al mismo tiempo, Bioy se incluye a sí mismo a través de su autobiografía, en una específica tradición argentina: la de las clases gobernantes que siempre pusieron mucha cuidado en dejar por escrito sus experiencias personales. En 1843 Sarmiento publica su primer texto autobiográfico, *Mi defensa*, y de allí en adelante muchos prohombres de la historia argentina, como Mansilla y Mitre, dejan por escrito las alternativas de sus vidas privadas entremezcladas con la explicación y descripción de hechos militares y asuntos políticos.

Bioy Casares sabe que pertenece a esta tradición y se incorpora a ella pero en forma restringida: la diferencia radica en que su vida privada y la política del país ya no van unidas como antes; más bien son vías excluyentes o, en el mejor de los casos, paralelas. Tampoco hay confesión o justificación en su texto: no hay una opinión pública a la que hay que persuadir. Dado que esta "tradición autobiográfica argentina condensa, en un plano insospechado, la historia de la élite del poder en la Argentina" (Prieto 17), Bioy nos muestra con su dejo irónico y burlón, que esconde la nostalgia por lo que ya no puede ser, su propio capítulo en la historia de este particular conglomerado humano: su decadencia y disolución como fuerza política.

CAPÍTULO 4

Osvaldo Soriano

POLÍTICA

INTRODUCCIÓN

EN 1993 Osvaldo Soriano (Argentina, 1943–1997) seleccionó y ordenó los escritos que conforman el texto *Cuentos de los años felices*, en realidad producto de la reunión de tres recopilaciones independientes: "En nombre del padre", "Otra historia" y "Pensar con los pies". Esta última es una colección de cuentos inspirados en algunos acontecimientos que rodearon a los campeonatos mundiales de fútbol de 1986 y 1990. "Otra historia" es una crónica sobre ciertos momentos de la historia argentina de acuerdo a la investigación y lectura por parte del autor de documentos, memorias, biografías y cartas correspondientes a esos momentos. Finalmente, "En nombre del padre" resultó de la compilación de relatos sobre su infancia que el autor escribió regularmente para el periódico *Página/12*, del que fue miembro fundador y en el cual se desempeñó como redactor estable hasta su muerte a los 54 años. "En nombre del padre" será, entonces, el libro del que se ocupará este estudio. Con respecto a estos relatos comenta Pasquini Durán que ellos "podrán leerse algun día como la reconciliación . . . con la memoria de su infancia y adolescencia en la que la imagen paterna se había instalado como la de un perdedor" (4). Con excepción de tres capítulos, los otros catorce que constituyen este texto tienen al padre como personaje central o como importante elemento secundario que, finalmente, define la resolución del trozo. Y, efectivamente, en el epígrafe dice Soriano que empezó

> a escribir estos relatos sobre mi infancia sin saber que mi padre iba a convertirse en el protagonista . . . indefectiblemente mi padre se impuso con las tristes y desopilantes experiencias que tuvo a su paso por el mundo (11).

Lo que Soriano no menciona en el epígrafe es otra presencia constante que también se impone dramáticamente: Perón, Evita y las turbulencias de la política argentina desde finales de los años 40 hasta mediados de la década del 50.

Los capítulos, todos con sus correspondientes subtítulos, no aparecen rigurosamente ordenados cronológicamente pero sí tienen indicadores temporales, de modo que reconstruir y ubicar las anécdotas en un flujo lineal es tarea de fácil acomodación. Dos viñetas "Otoño del 53" y "Rosebud" encierran el relato a modo de introducción y recapitulación respectivamente.

"OTOÑO DEL 53" Y "ROSEBUD"

EN LA primera de estas viñetas el narrador cuenta acerca de un partido de fútbol que su equipo de Neuquén, que acaba de ganar la Copa Infantil Evita contra el equipo de Buenos Aires, debe jugar en contra del seleccionado de las Malvinas. Si el equipo neuquino gana, las islas volverán a "llamarse Malvinas para siempre y en todos los mapas del mundo" (13). Lo más sorprendente de este evento deportivo es que, según el relato, el partido en cuestión le fue encomendado al equipo patagónico por indicación taxativa de Perón, en esos años presidente de Argentina. La épica de la anécdota se parece mucho a las épicas cinematográficas que fascinan al narrador desde las butacas del humilde cine de su pueblo: luego de describir las dificultades prácticas para cruzar la Patagonia en un camión destartalado, con frío, tierra y lluvia por doquier, leemos del fracaso de la misión, por no poder llegar a destino, y de la vuelta a casa.

El último párrafo del capítulo es una vuelta de ciento ochenta grados a lo que hasta ahora parecía un relato sólo de aventuras mezcladas con cierta fantasía patriótica. En él el narrador vuelve al año 1993 en el que está escribiendo y recuerda un pasado mucho más cercano: 1982, fecha de la Guerra de las Malvinas [1]. Dice allí:

> Ahora que ha pasado mucho tiempo y nadie se acuerda de los chicos que pelearon en la guerra, puedo contar esta vieja historia. Si nosotros no nos hubiéramos extraviado en el desierto en aquel otoño memorable, quizás no habría pasado lo que pasó en 1982 (19).

En el pasado lejano tenemos uno de los tantos partidos de fútbol en los que nuestro protagonista participó durante el gobierno peronista; en el pasado cercano tenemos la inútil y devastadora Guerra de las Malvinas; en el presente tenemos la escritura de estas viñetas y la relectura por parte del narrador de trozos de historia. Este primer capítulo establece el tono y la preocupación que recorrerá luego el conjunto de los recuerdos: no es patriotismo barato ni melosa conmiseración por los muertos que siempre resultan de la politiquería de turno; tampoco es moralina de café para acusar con el índice extendido. Es, en parte, la expresión de los sentimientos de responsabilidad, inermidad y frustración que acosan al individuo inmerso cotidianamente, como no podría ser de otra manera, en los vaivenes de la vida política e ideológica de un país.

Si bien en este capítulo Soriano se concentra en el acontecimiento histórico de la expedición a las Malvinas, la historia reciente no es el tema central de este texto. Por el contrario, es sólo un punto de partida para analizar la historia que definió su infancia: Perón y su irreversible impacto en la vida argentina. En todo caso, "Otoño del 53" es una introducción al tema del peronismo desde una perspectiva histórica más cercana al presente; más aun, Soriano vivió esta guerra desde el exterior (durante su exilio en Europa en los años 70 y comienzos de los 80) lo cual probablemente haya exacerbado su ansiedad con respecto a ella. Pero hay otro rasgo sutil en este episodio: el ridículo. La posibilidad de jugar la recuperación de las Malvinas a la suerte de un partido de fútbol reduce la seriedad del acontecimiento histórico al nivel de lo grotesco. Como muchos, Soriano vio en esta guerra el manotazo de ahogado de un gobierno militar que se hacía añicos en lo político y en lo económico. El pseudopatriotismo del discurso oficial (recuperar para la Argentina lo que le pertenece, interpretar el sentir del pueblo argentino, etc.) no logró engañar a las capas pensantes de la sociedad argentina. Como Soriano no se refiere a la década del 70 en su texto, continuaremos concentrándonos en lo que sí se ocupa y retomaremos más adelante la impronta del presente político en la escritura de esta autobiografía.

En "Rosebud" recuerda el narrador que treinta años después (a comienzos de la década del 90), al volver de visita al pueblo patagónico de su infancia, se encontró con un hombre que le recordó haber sido su oponente en uno de los tantos partidos de fútbol de juventud, partido que Soriano describió con detalle en algún artículo periodístico escrito años más tarde. Lo interesante del comentario de Soriano es que el relato escrito fue una de sus numerosas reelaboraciones: él escribió acerca de un partido pero ése en particular nunca existió. El narrador concluye que "es dura de borrar la palabra escrita" (113), pero se alegra de que al menos no sea banal como las fotografías o las cintas de video en las que tratamos de atrapar una revelación del pasado.

Este último capítulo presenta una de las varias reflexiones que subyacen al texto: cuál es el alcance que puede tener, en última instancia, escribir. En este ejemplo, la lectura de la palabra escrita se transforma en un recuerdo para este conocido, o sea, la lectura es una realidad para el lector que, en una especie de complicidad con Soriano, la registra como experiencia. Y allí parece estar la punta del ovillo de la impronta de Soriano: escribir y leer esta autobiografía es conectarse nuevamente o de otra manera con la historia que el escritor va a desmenuzar. De modo que el partido de las Malvinas que describe en "Otoño del 53" es una mezcla de los muchos partidos juveniles jugados en la Patagonia con la presencia omnímoda de Perón que ordena, reprende o premia, como ya veremos en detalle.

También en "Rosebud" Soriano dice que "la memoria lo agiganta todo" (109): no es que sea mentira lo que cuenta sino que está deformado, ya sea por el paso del tiempo o por la necesidad a toda costa de trazar una línea vital que tenga algún sentido. En cualquier caso, la reelaboración que condimenta y redondea las anécdotas resulta más genuina que el relato histórico continuo y contiguo de la experiencia. Más aun, un relato que tratara de dar cuenta de los hechos ordenados sería un fracaso porque la memoria, según sus palabras, no es confiable, está llena de baches y deformaciones; de modo que lo que sí es confiable es lo que hemos producido en nuestra mente con esa experiencia. Dice Soriano más adelante que "podemos borrar o confundir las huellas de una vida, pero las llevamos a cuestas" (112). Léase, las huellas: el peronismo; lo que llevamos a cuestas: la necesidad de poner orden al caos y el imperativo ético de asumir una responsabilidad.

EL PADRE

LOS CAPÍTULOS centrales no constituyen un relato detallado de la infancia y adolescencia del escritor; más bien, resultan de una selección de anécdotas en las que el tema o la situación son de la máxima importancia. Como decíamos al comienzo, el padre se impone en casi todos ellos, de modo que iremos recorriendo cada una de estas situaciones.

Soriano nació en 1943 en la ciudad balnearia de Mar del Plata, provincia de Buenos Aires, pero sus primeros recuerdos arrancan cuando sus padres se mudan a San Luis, una provincia del centro del país. De allí pasan a Río Cuarto, en la provincia de Córdoba, para instalarse finalmente por un período aproximado de diez años en Cipolletti, una ciudad patagónica cuya economía se basa en la producción frutícola y en la que ocurren casi todas las aventuras que relata esta autobiografía. Soriano padre era técnico electrónico de profesión pero su trabajo de toda la vida fue el de inspector de servicios para la empresa estatal de obras sanitarias. Su sueldo era modesto, como así el nivel de vida de la familia. Justamente, uno de los recuerdos más tempranos que registra el autor es un viaje en tren en compañía de su madre hacia Río Cuarto, donde su padre se había instalado ya hacía algunos meses para hacerse cargo de la oficina de inspecciones. El tren en sí resume, hoy día, un trozo de historia argentina:

> ahí va Gardel que todavía no es Gardel. Viene Eva, que todavía no es Evita. Sube su moto un chico que todavía no es el Che. Todos duermen, igual que mi madre. Van a la deriva del destino. A cara o cruz (77).

Las alternativas de la historia de Argentina se mezclan continuamente en el relato de acontecimientos mínimos de la infancia del autor. Al mismo tiempo, como vemos, las figuras que elige para poblarla provienen del controvertido ámbito político en el que le tocó vivir.

El padre era "un tipo de voz temible . . . de gestos dulces y reflexiones amargas" (63): normalmente, estas reflexiones amargas tenían que ver con Perón. Por ejemplo, el gobierno le había dado un crédito para vivienda con el cual Soriano padre construyó una casa en los tiempos en que vivían en San Luis. Tuvo que aceptarlo, era una bonificación por su trabajo, aunque "se sentía vagamente humillado por haberlo merecido" (61). Su sentimiento de humillación e impotencia se ve exacerbado cuando Perón, en viaje a la provincia de Mendoza, se detiene en la estación local de ferrocarril para saludar a todos los funcionarios de Obras Sanitarias. "Después de aquel apretón de manos, mi padre . . . bajaba la voz [para decir]'¡No me voy a morir sin verlo caer!'" (64). El problema del padre es un callejón sin salida: para tener trabajo como funcionario o empleado público en la Argentina de Perón había que poseer una ficha de afiliación al partido peronista, lo cual terminó convirtiéndose en un verdadero drama espiritual para muchos. No pertenecer al partido podía acarrear serias consecuencias en el terreno laboral y, aunque finalmente se convirtió en un papel sin importancia dado que todo el mundo la tenía, para esos muchos representaba una humillación insostenible. Más todavía, esta situación sin salida se sentía más agudamente en el interior del país donde era más fácil identificar al opositor con nombre y apellido y donde la delación era una forma de vida y, muchas veces, un recurso para ascender dentro de la empresa, fábrica o institución en la que se trabajaba. Lo que esto logró, finalmente, es ese rechazo visceral hacia el peronismo que fue germinando y fortaleciéndose en el espíritu de muchos a lo largo de la década en la que estuvo en el gobierno.

Según el narrador, la única fortuna de la que disfrutó el padre fue la de tener un único enemigo, "grande y verdadero" (59): Perón. Soriano nunca pudo entender, en esa época, por qué el padre odiaba tanto a Perón y cómo hacía para ocultar este sentimiento. Contrariamente, reconoce que él se criaba en un clima de "Nueva Argentina" en la que "los únicos privilegiados éramos los niños" (61), sobre todo aquellos que llevaban luto por la muerte de Evita y participaban en todas las ceremonias escolares en su honor.

Esta mención de la escuela es importante: el peronismo, desde sus comienzos en el gobierno, transformó los programas educativos en instrumentos de adoctrinamiento. Tanto las escuelas primarias como secundarias recibían del Ministerio de Educación instrucciones taxativas en cuanto a qué, cómo y cuándo se debían comentar en las clases discursos presidenciales, actos de gobierno, actividades de Evita "la benefactora" y demás eventos que, por otra parte, se orquestaban constantemente desde el gobierno. Todos estos eventos estaban organizados al detalle por las organizaciones dependientes del poder central e incluían gran número de asistentes. La participación de las masas era un recurso fundamental para mantener la ilusión de un gobierno que tiene una relación estrecha, casi personal, con su pueblo. Si bien algunos maestros ejercían una velada resistencia pasiva, su fuerza y su éxito estaban limitados por la amenaza constante de la delación. La injerencia de la política en la educación fue una verdadera lástima y una gran vergüenza en la historia argentina si se tiene en cuenta la ideología liberal que sostuvo un sistema por el cual la escuela había sido siempre un terreno neutral tanto en lo político como en lo religioso y racial. Por otra parte, los contraataques domésticos de los padres a este proselitismo dejaban a muchas familias expuestas como focos opositores lo que, a su vez, revertía negativamente en la situación de los estudiantes.

Desde la perspectiva del padre "iba a pasar algún tiempo antes de que Perón cayera y muchos años más hasta que pudiera darse el gran gusto de su vida" (65): comprarse una cámara fotográfica Leica a plazos que al final le fue quitada cuando no pudo pagar las cuotas del crédito. Soriano padre era un romántico soñador: a pesar de afirmar constantemente que "este país no tiene remedio" (43) estaba enamorado de su extensión y belleza y gustaba de salir a recorrerlo aunque más no fuera con un auto prestado. En lo político también su país le había ofrecido la posibilidad de participar: recordaba con emoción los tiempos de la década del 30 en los que había tenido militancia antifascista durante el gobierno militar de Uriburu. Si bien era un empleado responsable y cumplidor, sus gustos iban por otro camino; le gustaban las matemáticas, la física, la técnica: "la ambición de mi padre era que yo conociera bien los motores viejos para después inventar nuevos . . . siempre andaba dibujando planos y haciendo cálculos" (56). Así es que un auto viejo y destartalado que había conseguido terminó siendo, en manos del padre, material de experimentación: decidió desarmarlo completamente y luego armarlo otra vez para que el hijo aprendiera algo de mecánica. Por supuesto, todo terminó mal: una vez reconstruido el auto, el padre salió a dar un paseo para probarlo; poco más tarde, el joven Soriano y su madre fueron a recogerlo al hospital donde estaba siendo tratado por varios huesos rotos.

El padre de Soriano es un perdedor: su actividad antifascista en los años 30 le proporcionó como todo premio unos buenos golpes; una chica capitalina de la que se había enamorado terminó saliendo con otro; Gardel, a quien había encontrado en un bar del centro de la ciudad, le pidió que lo llevara hasta su casa en un auto prestado pero no le dio tiempo para pedirle un autógrafo. Hasta Perón le hizo la peor jugada imaginable: 19 años después de la caída de su gobierno en el 55, "se iba a vengar de sus enemigos y también de mi viejo que se murió en 1974, con el general de nuevo en el gobierno" (23). Nada tiene ni le queda.

PERÓN Y EL PERONISMO

FRENTE AL cariño por este hombre honesto pero perdedor se observa la fascinación por otro, un ganador inescrupuloso.

> El general Perón era sabio, sonreía siempre y tenía ideas geniales. Así nos lo habían enseñado en el colegio y lo decía la radio... Cuando ganamos la Copa en Buenos Aires, el general vino a entregarla en persona, vestido de blanco, manejando una Vespa. Nos llamó por el nombre a todos, como si nos conociera de siempre, y nos dio la mano igual que a los mayores(16).

Este es un excelente resumen de la experiencia que del peronismo tenían diversos estratos de la sociedad argentina. Si bien ahora, en el momento de escribir estas estampas, Soriano imprime una fuerte veta crítica, la descripción de la vivencia representa ajustadamente la ingenuidad y simpleza de aquellos tiempos. Para los niños en edad escolar Perón y su gobierno eran una fiesta. El 6 de enero, Día de Reyes, llegaban a las escuelas, a los hospitales de niños y a las sucursales de correos de los barrios enormes cajas con regalos: osos de felpa para los más pequeños, pelotas de fútbol o soldaditos de plomo del general San Martín para los varoncitos y muñecas para las nenas. Para el padre de Soriano, eso era una verdadera vergüenza: "hacer la cola delante de una ventanilla que decía 'Perón cumple, Evita dignifica', era confesarse pobre y peronista" (21), interpreta el narrador. Para él, sin embargo, Perón era grande, poderoso y amigo: en el año 53 ó 54, ya muerta Eva Perón, Soriano le escribió una carta dirigida a la casa de gobierno a la que el presidente contestó enviando a vuelta de correo una caja con once camisetas y una pelota para su equipo de fútbol en la que también había incluído una esquela: "Acá te mando las camisetas. Pórtense bien y acuérdense de Evita que nos guía desde el cielo" (23).

El tema de los deportes y de su importancia durante el peronismo es una modalidad nueva en Argentina y no un detalle o curiosidad cultural. Perón utilizó la actividad deportiva, aficionada y profesional, como instrumento proselitista convirtiendo los eventos futbolísticos en actos patrióticos de adhesión a su gobierno. Fomentó el deporte en las escuelas, los barrios y los centros comunitarios creando ídolos y alterando una actividad hasta ese momento inocente cuya única función era el esparcimiento. Propuso el concepto de mente sana en cuerpo sano a la manera de su admirado fascismo europeo.

Cuando en el año 1955 llega a Cipolletti la llamada Revolución Libertadora, que pone fin al gobierno de Perón con un golpe de estado (generado en el seno de las Fuerzas Armadas con el apoyo de varios sectores civiles), al Soriano preadolescente le resulta imposible entender que alguien se opusiera al maravilloso "reino de duendes protectores"(49). De hecho nunca había podido comprender la tozudez y el odio hacia Perón de su padre quien, lleno de excitación, se había pegado a la radio difrutando segundo a segundo la información que llegaba acerca de los acontecimientos que se desarrollaban en Buenos Aires. El narrador reconoce que "mi peronismo, que duró hasta los trece o catorce años, era una cachetada a la angustia de mi viejo, un sueño irreverente de los tiempos de Evita Capitana" (49)[2]. Y la mención a Eva Perón es decisiva porque ella es la encarnación del ideal del marginado que, superando todas las vallas que impone una cultura burguesa, se eleva de su oscura vida pobre y provinciana a la cumbre del poder. De allí su utilidad: por su origen, está cerca de los pobres y puede comprender sus tribulaciones; en consecuencia, puede garantizar la defensa de sus intereses.

Lo que se hace bastante evidente hasta ahora es que el gobierno peronista, para bien o para mal, era un elemento real y cotidiano en la vida de las personas y no una entelequia inaprehensible: Perón y Evita constituían una pareja protectora que se ocupaba de las necesidades inmediatas de sus gobernados y que lo único que requería era fidelidad ciega y lealtad absoluta. No era demasiado si se tienen en cuenta cuántos beneficios materiales se dispensaban regularmente. Para redondear esta descripción del primer peronismo, mencionemos dos de sus múltiples resortes estratégicos. La consagración de la persona de Perón como ídolo, así también como la persona de Evita, constituyó un recurso muy útil como catalizador de la adhesión incondicional de las masas. Sebreli piensa que

> el fascismo y el peronismo se basan en . . . la movilización, en una integración ilusoria de las masas populares en la vida pública. Esta movilización se da mediante una relación directa del Jefe carismático con las masas (*Los deseos imaginarios*, 58).

Esto nos lleva directamente al concepto de caudillismo como elemento integral de la historia argentina. Perón simplemente vino a llenar un vacío de liderazgo allí donde el fraude electoral y las alianzas partidarias habían echado por tierra la valoración del sistema democrático durante la década infame.

En todos sus textos Soriano despliega esa facultad intelectual e intuitiva de mostrar, a través de situaciones simples y cotidianas, los aspectos más salientes de la psicología social del argentino. Perilli comenta que Soriano "nos ofrece una lectura de la sociedad argentina: su necesidad de mitos, sus componentes autoritarios y machistas, su lado picaresco, sus actitudes quijotescas e inútiles, su falta de realidad" (228). Es oportuno destacar que "En nombre del padre" es el único texto del autor que se ocupa del primer peronismo. En varias de sus obras describió los desencuentros de la violencia peronista y marxista de comienzos de los años 70, el muy corto retorno del segundo peronismo y los efectos devastadores de la violencia de Estado en la segunda mitad de la década. En esta ocasión, por el contrario, Soriano apunta directamente a la inmoralidad característica del primer peronismo como el comienzo del fin de la sociedad argentina en su conjunto.

CULTURA DE PUEBLO Y ALEJAMIENTO DEFINITIVO

EL ACCESO a la cultura en un pueblo alejado de los centros urbanos, especialmente en un país en el que los bienes de todo tipo se acumulan en puntos claves de población, es bastante limitado. "Cualquier cosa que llegara de Buenos Aires se convertía en un acontecimiento" (26), empezando por los diarios, que llegaban con tres días de atraso, y las emisoras radiales, ambos totalmente controlados por el Estado, su propietario único. Nuevamente Sebreli explica la efectividad de los medios de comunicación masiva: "La radio se convirtió . . . en el principal medio de difusión de mitos colectivos, de tribalización de las masas, creando la forma de una seudosolidaridad colectiva" (*Los deseos imaginarios* 63).

Estamos hablando de un pueblo de calles de tierra (la obra vial del período peronista fue muy pobre) en el que no había mucho para hacer a la hora del esparcimiento: no había librerías, ni salas de concierto o teatro, sólo un pequeño cine que pasaba películas viejas. Los pueblos pequeños fueron los más castigados por las limitaciones de la cultura oficial. Si bien en Buenos Aires existía un círculo intelectual que maniobraba lo suficientemente bien como para generar una cultura al margen y a veces opositora, las ciudades de poca población del interior no tenían acceso a estas realizaciones. Desde Borges y Victoria Ocampo, pasando por las representaciones teatrales de grupos independientes hasta los intelectuales que denunciaban el uso de la obra artística como instrumento político, todo sucedía en la capital y de manera sutil o enmascarada dependiendo del área en la que actuaban. La cultura oficial, por su lado, tenía sus recursos: una cultura nacionalista tradicional basada en la frase hecha, en el antihermetismo militante y en el sencillismo de aquello que se lleva al nivel de blanco o negro, propio de un sistema autoritario. Es ilustrativa una afirmación del ministro de Educación de turno en el año 1948 que manifestaba su rechazo por las nefastas manías del cubismo, del fauvismo, del surrealismo, etc. como la expresión de seres anormales (citado en Luna, *Perón y su tiempo* 332).[3] Lo que quedaba para el interior, entonces, eran el fútbol y las carreras de motos. Y esto se convierte en algo muy importante en la vida de Soriano: desde bastante pequeño sueña con ser futbolista y es un apasionado de las motos de las que entiende bastante. Reconoce que "queríamos madurar pronto y triunfar en alguna cosa viril y estúpida como las carreras de motos o los partidos de fútbol" (27).

"No volví a creer en Perón, pero entiendo muy bien por qué otros necesitan hacerlo" (24): así resume Soriano su paso por ese peronismo "de juguete" del que se alejó en su adolescencia. Reconoce que era imposible en ese momento darse cuenta de que todo constituía la puesta en escena de un populismo demagógico extremadamente seductor y cómodo. Rememorando los días de la caída del gobierno peronista, se pregunta:

> ¿qué era Perón para mí? ¿Una figurita del álbum, la más repetida? ¿los juguetes del correo?, ¿la voz de Evita que nos había pedido cuidarlo de los traidores? Se me iba la edad de los Reyes Magos y no quería aceptar las razones de mi padre ni los gritos de mi madre (50).

El autor no nos cuenta cómo o a través de qué línea de pensamiento abandonó para siempre el entusiasmo por el peronismo. Lo que se hace evidente por la mera existencia de esta autobiografía es que en algún momento Soriano tuvo la certeza de que mirando para atrás en la Historia quizás fuera posible rastrear el origen de los males que aquejan al país. Y nos ofrece una pista: al describir las persecuciones del gobierno peronista a cualquier expresión cultural que no fuera oficialista dice que "todo aquello parecía trágico y definitivo porque todavía era inimaginable que los libros se quemaran en público y la gente desapareciera para siempre" (105). Esta pequeña y única referencia al golpe de estado de 1976 y al consiguiente período de terror no es accesoria o casual.

Si bien existen marcadas diferencias entre el primer peronismo y el gobierno militar de los 70, Soriano puede establecer un hilo conductor de uno a otro porque, a su entender, ambos comparten ciertos principios encontrándose en el primero la semilla de lo que sucederá durante el segundo. Para Jacobo Timerman, Argentina es un país que a lo largo de su historia ha mostrado su inmensa capacidad para la violencia nefastamente combinada con su absoluta incapacidad política (17). La imposición de estrictos códigos morales; la censura cultural en ámbitos como el cine, el teatro y la literatura; el control de los medios de difusión y opinión; la intervención de las universidades y el control de los programas de estudios en las escuelas; el miedo a la delación o al secuestro; en definitiva, todo lo que conformara un canal de expresión auténtica o disidente era peligroso y la vida de todos los días se acomodaba subiendo el umbral de tolerancia. En ambos períodos históricos, esta situación dio como resultado la aceptación de un política regida por el gran silencio: "Argentina es un país de eufemismos; y el gobierno ha considerado que nunca debía reconocer que ejercitaba la violencia ni los motivos por los cuales la ejercía" (Timerman 97). Del mismo modo, la sociedad en su conjunto, por incredulidad primero y por miedo después, puede llegar a comportarse como cómplice de un sistema al asumir esa misma política de silencio.

Los sentimientos de responsabilidad, inermidad y frustración que mencionamos al comienzo de este trabajo son comunes a la generación que vivió, desde adentro o desde el exilio, la Argentina del terror. Aquellos que durante la década del 70 tenían entre 20 y 35 años quedaron agrupados en lo que se dio en llamar "la generación perdida." Perdida por muchos motivos: por haber desaparecido, por no poder alimentar ilusiones, por haberse quedado sin hermanos, amigos o familiares, por tener que exiliarse o, simplemente, por vivir cotidianamente en un ambiente paranoico de terror y silencio. Comenta Soriano que le oyó decir al padre: "parece mentira . . . antes cada cosa estaba en su lugar; ahora, en cambio, parece que son las cosas las que están en lugar nuestro" (54).

Del desbaratamiento de ciertos valores a la desilusión y al nihilismo hay un solo paso. En uno de los momentos más pesimistas del texto, Soriano remarca que ser argentino es aprender a correr y a esconderse, a escapar y a perder (71). Con un dejo de compasión le dice a su padre en el hospital durante la internación a causa del accidente automovilístico que comentamos más arriba, que "no siempre se puede ganar . . . a veces hay que saber quedarse de este lado de la orilla" (83). De hecho, casi todos los personajes de Soriano son antihéroes arrastrados por los vaivenes de la política argentina, y los de esta autobiografía, él mismo y su padre, no se diferencian demasiado de los de ficción. También como en sus novelas, aquí predomina el pesimismo: triunfan la mentira, el engaño, el fraude, la ilegitimidad. Por otro lado, "de la ira y la depresión lo rescatan el sentido del humor y esa especial capacidad para descubrir el ridículo y el grotesco aun en las situaciones más difíciles" (Pasquini Durán 3). Desde el partido de fútbol para recuperar las Malvinas hasta los ensayos de mecánica automotriz del padre, el humor y la compasión dan un respiro a lo que parece un callejón sin salida. Como herramienta contra el pesimismo, al humor debemos sumarle la escritura.

UN ESPACIO DIFERENTE

OSVALDO SORIANO sintió pasión por el fútbol toda su vida: de joven llegó a considerar con bastante seriedad dedicarse a este deporte profesionalmente. Una vez abandonada la idea, continuó siendo un entusiasta espectador y, de vez en cuando, crítico deportivo. En sus últimos años de actividad en el periódico *Página 12* de Buenos Aires Soriano creó un personaje, Míster Peregrino Fernández, cuyas aventuras ironizan a los prohombres de la Historia: en una ocasión, el General Perón dirige un partido de fútbol para definir si les otorga o no más poder a los sindicatos; en otra, Marcello Mastroianni ridiculiza al rey Juan Carlos de España por sus indiscreciones en un hotel en Moscú. Muchas veces, el tema central de la anécdota gira, justamente, alrededor del fútbol. Por ejemplo, en "Algunas lecciones" sentencia Peregrino

> Hay tres clases de futbolistas. Los que ven los espacios libres, los mismos que cualquier payaso ve desde la tribuna y los ves y te ponés contento y te sentís satisfecho cuando la pelota cae donde debe. Después están los que de pronto te hacen ver un espacio libre sin más, un espacio que vos mismo y quizás los otros podrían haber visto de haber observado atentamente. Esos te toman de sorpresa. Y luego hay aquellos que crean un nuevo espacio donde no debería haber habido ningún espacio. Esos son los profetas. Los poetas del juego (3).

Esta cita parece una metáfora perfecta del espacio creado por el narrador en esta autobiografía. Veamos, primero, un par de peculiaridades narrativas.

En primer término, estas viñetas no se integran en una descripción lineal de la vida del autor ya que no intentan una revisión totalizadora de una trayectoria. Por el contrario, la recopilación está organizada alrededor de dos personajes centrales: el padre del autor y Perón, cuyas respectivas personalidades y anécdotas informan la experiencia del narrador. No empieza al principio ni termina en el momento en el que está escribiendo y no se observa continuidad entre el pasado y el presente: el corte ideológico o espiritual que lo lleva a alejarse del peronismo es un dato que obtenemos explícitamente pero no participamos en un proceso de cambio. Como afirma Hernández Alvarez, en la autobiografía moderna "sinceridad no significa exhaustividad sino respeto por la visión del sujeto" (242). Y esta visión, como fuimos viendo hasta ahora, se refiere a la década que marcó su infancia y preadolescencia. En cuanto a su forma, no corresponde a los esquemas de confesión, testimonio o apología que frecuentemente se asocian a este tipo de escritura: no busca mostrar sus lados oscuros, como tampoco informar ni mucho menos justificar sus acciones ante un juez-lector. Sin embargo, es cierto que el ánimo que trasciende de la lectura es de un fuerte pesimismo, aun cuando se lo matice de vez en cuando con el humor o el ridículo.

Creo que este texto es un ejercicio espiritual del autor, no en un sentido religioso sino moral; no motivado por un sentimiento de culpa, que no siente, sino por una asunción de responsabilidades. No responsabilidad por no haber intervenido activamente en una lucha política contra un gobierno militar o una guerra: eso estaría completamente fuera de lugar dada la ferocidad del terrorismo de Estado. Es más bien la responsabilidad de mirarse a sí mismo y a la sociedad en su conjunto a través de una revisión exhaustiva de la propia experiencia. El nuevo espacio tiene que ver también con la incitación al lector a hacer lo mismo que el narrador: ya mencionamos a aquel conocido de la infancia que recuerda un partido luego de haber leído una descripción del mismo en un texto de Soriano. Finalmente, este ejercicio espiritual se pone en marcha al escribir una viñeta tras otra, probablemente reordenadas en el momento de su publicación, en las que aparece obsesivamente un momento crítico de su historia personal y de la Historia de su país.

ESCRITURA

EN SU artículo "Technologies of the Self" Michel Foucault se interesa en describir y explorar las condiciones de ciertas prácticas o técnicas que los individuos realizan para lograr la comprensión de sí mismos y cuyos resultados serían el logro de un cierto estado de felicidad, pureza, sabiduría, perfección o inmortalidad (*Ethics*, 225)[4]. Además, estas técnicas no estarían orientadas a la adquisición de habilidades solamente, sino, principalmente, a la adquisición de determinadas actitudes. Concentrando su investigación en las costumbres y la cultura helenística, Foucault encuentra que la práctica de la escritura es una de las actividades más salientes para la consecución de ese objetivo: tomar notas sobre sí mismo, escribir cartas a amigos o llevar al papel ideas propias y de imaginación son maneras de ocuparse de uno mismo, por lo que induce que el yo deviene algo sobre lo que escribir o, dicho de otra manera, el yo es el contenido (objeto) y el instrumento (sujeto) de la actividad misma (232). Este "ocuparse" es el paso inicial para lograr el cuidado y el conocimiento de uno mismo.

En "Self Writing," Foucault menciona dos tipos de textos: los cuadernos de apuntes personales, a la manera de ayuda-memoria, y las cartas. Los apuntes constituyen una suerte de catálogo de cosas oídas, leídas, escuchadas o pensadas que en su conjunto ofrecen una especie de tesoro informativo para la posterior relectura y meditación (209). Según Foucault, lo importante de estos apuntes es que no tratan de revelar el ser interior ni de encontrar la verdad escondida, sino de listar lo que ya se ha acumulado en la mente. Es muy importante destacar que un catálogo de experiencias siempre se refiere al pasado, nunca a un futuro que todavía no existe; además, el catálogo se realiza en el presente, en este caso en el presente de la escritura, de modo que esta recopilación de experiencias está manifestando algo de la identidad del escriba en su momento presente. En este estadio, sin embargo, todavía no hay una total elaboración de sí mismo ya que es un catálogo no interpretado por el propio escriba.

Las cartas, por otro lado, implican una actividad agregada: se escribe, se lee lo que se ha escrito, se envía a un destinatario que a su vez realiza el mismo procedimiento pero en sentido inverso. La forma de la correspondencia es muy importante: incluye tanto al remitente como al destinatario lo cual hace posible entablar un diálogo. Lo que destaca Foucault es que la carta "is something more than a training of oneself by means of writing . . . it also constitutes a certain way of manifesting oneself to oneself and to others" (216). Esta forma dialógica de la escritura-lectura constituye una impronta mucho más comprometida: es la ocasión de plasmar la propia imagen y dejarla expuesta frente a otro u otros abriendo la posibilidad de transformación, tanto del remitente como del destinatario. Más aun, Foucault insiste en que el verdadero primer intento del cultivo del yo se encuentra, precisamente, en la correspondencia con otros y en el intercambio de servicios espirituales (217).

Cuando Foucault analiza los conceptos de cuidado y conocimiento del yo establece que en la antigüedad este último resultaba una consecuencia del primero: cuanto más y mejor se atiende al cuidado de uno mismo, más profundo es el conocimiento que se adquiere. Ese cuidado no se refiere, o no solamente, al aspecto físico, mental o material del yo, sino al alma, asunto esencial del cuidado de uno mismo. Lo que resulta muy interesante, y útil en nuestro estudio, es que a través de la atención que el alma recibe, ésta "will be able to discover rules to serve as a basis for just behavior and political action . . . the effort of the soul to know itself is the principle on which just political action can be founded" (231).

Hacer un inventario sobre uno mismo no significa que seremos juzgados positiva o negativamente por ello. Más bien, las faltas constituyen algo que ha quedado momentáneamente sin terminar. Según Foucault, el centro del pensamiento de Séneca contiene la idea de que "the problem is not that of discovering truth in the subject but of remembering truth, recovering the truth that has been forgotten" (237): si la escritura implica un retrotraerse hacia uno mismo, su función es establecer cuál es la acción correcta a seguir y esta acción, en definitiva, se entiende como sinónimo de verdad.

Creo que "En nombre del padre" ampliamente encarna estas técnicas del yo en su intento de atender a la propia experiencia, reflexionar sobre ella y, muy importante, considerarla parte de una vivencia personal que participa y representa una realidad colectiva. De acuerdo a lo que esperamos de una autobiografía, Soriano se ha ocupado de plasmar una serie de experiencias en un tiempo acotado: su infancia y adolescencia; ha tomado notas de ese período y las ha expuesto a través de estas viñetas que, en su desorden, concentran una preocupación específica. Podemos afirmar que las estampas de Soriano constituyen una ayuda-memoria del pasado gracias a las cuales abrirá el espacio para mostrarse ante otros, dialogar con el lector y recorrer el camino de la búsqueda del comportamiento justo.

El catálogo de Soriano está constituido por dos elementos: su padre y Perón pasados por el filtro de la visión del autor. Cada uno representa una serie de valores, positivos o negativos, que al autor le interesa remarcar y que se pueden resumir en dos conceptos básicos: honestidad versus corrupción. Por esta dirección que Soriano aplica a su catálogo, podemos decir que este texto no se contenta con el listado-ayuda-memoria según lo presenta Foucault: ya desde el comienzo, el autobiógrafo presenta materiales que, desde la selección, implican una postura política y una intención ideológica. La historia política de Argentina está engarzada en la historia personal del narrador, y viceversa, conformando una cadena vivencial e intelectual, o sea, la carta como forma aparece simultáneamente con la de catálogo. El destinatario esta representado no solamente por la presencia de aquel oponente en un partido de fútbol de juventud, sino por las confesiones explícitas al lector en las que expresa su descreimiento total del peronismo y en las que expone su imposibilidad de entender por qué llegó a creer en él tan obstinadamente en su infancia.

El componente político de las viñetas autobiográficas de Soriano también responden a la descripción de Foucault. La idea de que el cuidado y el conocimiento de uno mismo tienen como objetivo el logro de un comportamiento justo en el seno de la sociedad en su conjunto no podría ser más apropiado en este caso. Para Soriano la Historia, absolutamente entramada con el yo, es también algo sobre lo que escribir. Como decíamos, en esta autobiografía los recuerdos personales de infancia en el pequeño mundo de una ciudad del interior, no se diferencian ni se separan de los vaivenes de la política de turno: por el contrario, nos los presenta como aspectos o puertas de entrada de una misma situación. El catálogo de vivencias de estos años y la reflexión actual en la correspondencia-diálogo con el lector tienen un solo objetivo: recordar la verdad y encontrar el comportamiento político justo. En la visión histórica de causa-consecuencia que tiene Soriano del devenir vital, el primer peronismo y su propia infancia constituyen el punto de partida para empezar a comprender los males que aquejaron a Argentina en los años posteriores: terrorismo de estado, su propio exilio y, muy importante, la imposibilidad de una regeneración de la sociedad argentina. Esta imposibilidad y la frustración del autor frente a ella quedan resumidas por él mismo de esta manera:

> tengo en blanco esos años que no viví con muchos amigos, cosas difíciles de compartir porque mientras ellos sufrían, yo tenía otros sufrimientos distintos, pero me siento

bien y al mismo tiempo siento que es bastante intolerable el grado de desintegración de esta sociedad. (Giacomimo 51)

RESPONSABILIDAD Y POLÍTICA

"LOS SUCESOS de las décadas del 60 y especialmente del 70 van a destruir el mito de la Argentina como tierra de promisión" (85): así resume Corina Mathieu el estado de ánimo actual de la sociedad argentina en general y la de sus escritores en particular. La sucesión de errores de gobierno desde los años 40 hasta el presente es, para esta crítica, el motivo principal de un agotamiento, un desaliento y una amargura que todavía no han mostrado señales de ceder. Agreguemos que los escritores de la generación de Soriano retratan este clima social en tramas narrativas cuyos personajes, verdaderos héroes anónimos, siempre pierden.

Y en cierta forma, la autobiografía de Soriano es una radiografía de esos sentimientos y de esos perdedores y de la inermidad y frustración del autor y de toda una generación. Sin embargo, la voluntad de escribir y, a través de ello, retomar un diálogo y un ejercicio espiritual de autoexamen individual y colectivo, parecen estar señalando un camino posible de acceso a un modo diferente de sabiduría. Esta convicción queda planteada ya en "Rosebud" cuando rescata la fuerza de la palabra escrita y su superioridad frente a otros modos de registro de la historia, como las fotografías o los videos. Según lo que fue apareciendo en la lectura del texto, la escritura realiza una serie de funciones: revisar los sucesos políticos, bosquejar un orden y un sentido de la experiencia y encontrar el camino del comportamiento correcto y la acción política adecuada.

La revisión de la política es crucial. Para muchos, el comienzo del fin de la sociedad argentina comenzó en la década infame, en los años 30, con el primer golpe militar. Para Soriano, todo empezó en su infancia con el peronismo en el gobierno. Esto es muy importante porque, para este autor, la política de turno y la historia personal están íntimamente ligadas. A Soriano no le interesa hacer un trabajo de historiador: una empresa de este tipo resultaría, en el mejor de los casos, una maniobra más de proselitismo ideológico. Además, las ideologías producen falsas ilusiones de comprensión de la realidad, y lo que Soriano se encarga de mostrar aquí muy claramente es que no sabe por qué creyó, por qué dejó de creer o por qué su padre pensaba como pensaba. Soriano "lee" las alternativas políticas desde la perspectiva de su propia experiencia y la de su familia. Y esto lo confirman las contínuas críticas a los gobiernos civiles y militares de los que fue testigo durante su vida: si bien Soriano participa de una ideología que podríamos calificar muy ampliamente como liberal, no es una ideología afiliada o militante.

La figura del padre cuya vida, desde el punto de vista del autor, compendia todos los atributos del perdedor, termina resultando una metáfora de Argentina. Las expresiones que abundan en esta autobiografía, cuya tesitura va desde "este país no tiene remedio" a "todos van a la deriva del destino", confirman la impresión de desintegración general que genera en el autor la observación de la sociedad argentina. Desintegración, violencia, terror o, quizás más ajustadamente, barbarie (para utilizar el término que desde Sarmiento ha servido para resumir todo lo negativo) es lo que viene a la mente al leer la Argentina que nos muestra este texto. Y hoy Soriano no está solo; por el contrario, se incluye en esa tradición de pensamiento que arranca a mediados del siglo XIX y que sigue teniendo vigencia junto con otros escritores y periodistas. Jacobo Timerman, por ejemplo, piensa que la violencia y el terror de los años 70 han llegado a niveles de tal magnitud que ya no es posible intentar explicarlos de acuerdo a criterios políticos o de intereses creados. Concluye que "es la lucha entre la civilización y la barbarie . . . y es evidente que sin destruir primero a la barbarie será muy difícil elaborar un posible ingreso a la civilización" (20). La barbarie, en el texto de Soriano, está identificada con los procedimientos fascistas del primer peronismo. Ahora bien, para entrar en la civilización el autor no prescribe una fórmula precisa.

La barbarie pudo aparecer encarnada en diferentes contextos a través del tiempo: pudo representar el gauchaje, el campo, la extensión y el desorden para el pensamiento liberal y moderno de Sarmiento; más tarde, pudo etiquetar a los grupos informes de inmigrantes a fines del XIX y más especialmente a principios del XX bajo la perspectiva de la ideología nacionalista. En el texto que nos ocupa, el término sirve para designar todos esos procedimientos fascistas del primer peronismo. Una de sus características más salientes fue el uso del silencio obligatorio, tanto para ocultar fallas desde el gobierno como para obligar a los gobernados a no ver los problemas reales. De esta manera, Soriano se incluye en otra corriente intelectual: escribir para "silenciar el silencio," una tautología que tiene ecos del "prohibido prohibir" del 68 francés. Tampoco en esta empresa está solo Soriano. El documento más importante generado al final del gobierno del Proceso Militar fue encargado por el presidente Raúl Alfonsín a una comisión, CONADEP (Comisión Nacional sobre la Desaparición de Personas) especialmente designada para esa tarea. Esta comisión, integrada por un grupo de intelectuales argentinos bajo la dirección del escritor Ernesto Sábato, compiló datos acerca de las desapariciones, torturas y ejecuciones de la guerrilla de izquierda y los comandos especiales de derecha en un texto cuyo título, *Nunca más*, es bastante elocuente. Los datos allí reunidos contienen declaraciones de personas que sufrieron directa o indirectamente los abusos en los que incurrieron las guerrillas y los comandos especiales. De modo que este importante documento oficial, que sirvió de base para los juicios que se llevaron a cabo sucesivamente, parte también, y básicamente, de relatos de historias personales.

Soriano se propone generar un tipo de documento similar: relatos de una historia personal íntimamente ligados a la Historia de su país. Como vimos más arriba, no puede caber ninguna duda en cuanto a que la visión retrospectiva de Soriano se desencadena en el texto motivada por el presente estado de la sociedad argentina: al revisar la historia política se refuerza la intención de mantener la memoria fresca, de estar alerta, de no dejarse engañar por la retórica de turno y sus eufemismos. Por otra parte, la revisión de la historia política permite dar sentido a una experiencia que, aunque de signo negativo, adquiere coherencia y organiza el pensamiento.

La responsabilidad por encontrar el comportamiento adecuado y la acción política correcta a seguir parece residir en este esfuerzo de la memoria: hacer el catálogo de lo que ha sucedido (primer paso de las prácticas orientadas hacia uno mismo) para acceder a un estado reflexivo que permita asumir esa responsabilidad. A su vez, el criterio de esta responsabilidad no es moralizante sino moral: no prescribe lo que hay que hacer sino que llama la atención sobre aquello que, para el autor, puede dar alguna pauta para entender lo que sucede.

La lectura y relectura de lo escrito constituía la otra fase fundamental de las técnicas del cuidado de uno mismo: no sólo relee el escriba sino que lee el lector y transforma la lectura en experiencia también. La originalidad de esta autobiografía reside en su propósito: devenir, tanto el escriba como el lector, en algo que no eran antes de la experiencia de la lectura. Y la experiencia de esta lectura es la pérdida total de la esperanza: es el primer paso para ver la realidad tal cual se la ha vivido sin contaminaciones optimistas ni sueños irrealizables. Si la esperanza crea un horizonte en el que la barbarie ha desaparecido de la sociedad argentina, entonces no sirve o es absolutamente negativa para los individuos. El rechazo a inventar una esperanza es esencial para Soriano: ella genera ilusiones y ansiedad, abre posibilidades en la mente que no existen en la realidad y, como consecuencia, incrementa la frustración. El comportamiento adecuado y la acción política correcta consisten, entonces, en mantenerse pesimista, alerta y consciente de que la entrada en la civilización no está en el futuro cercano de la vida política argentina.

Conclusiones

EL CIERRE de este trabajo me retrotrae a la experiencia vivida durante su elaboración. Si hay algo que constituyó una revelación y un aprendizaje no previsto en el comienzo fue el diálogo entre los autores, sus textos y, por lo tanto, los capítulos de este estudio a los que dieron lugar. A medida que expandía la investigación fui viendo que las conexiones entre los textos superaban mis expectativas.

El diálogo entre Gerchunoff y Agosín me resultó paradigmático: ese diálogo es prueba y duplicación del que se ha manifestado entre los autores judeolatinoamericanos en su conjunto. Como mencioné en el capítulo dedicado a Gerchunoff, los autores latinoamericanos mantienen un larga conversación implícita con él, al haber pasado del problema de la supervivencia al de la identidad en la diversidad. El choque de voluntades entre Soriano y Bioy, y el compromiso o no compromiso político, es también clara encarnación de las actitudes de sus respectivas clases sociales. Finalmente, existe un paralelismo entre Gerchunoff y Bioy, por un lado, y Agosín y Soriano, por el otro, que se refiere al encuadre dentro del cual aparecen las historias narradas. Lo que sigue es un análisis detallado de estas conexiones.

Los textos de Gerchunoff y Agosín tienen en común el hecho de escapar a ciertas reglas convencionales de la autobiografía, pero por diferentes motivos y utilizando recursos opuestos. También tienen en común cierta poblemática profunda que tratan de desbrozar pero el camino elegido y la propuesta final no podrían ser más divergentes.

Ambos autores son escritores, ideólogos y activistas en su medio, y cuentan ya con el reconocimiento de la comunidad literaria como asimismo el del público lector. En los dos casos también, los autobiógrafos son llamativamente jóvenes, al menos para encarar un proyecto que, convencionalmente, requiere en el momento de escribir un cierto lapso de tiempo que permita dirigir la mirada hacia atrás. Latinoamérica como entidad y recurso literario es una preocupación de ambos autobiógrafos, dentro y fuera del espacio de estos textos en particular, como así también la inmigración propia o de otros miembros del grupo al que pertenecen. Finalmente, es muy claro en ambos casos el deseo de encontrar un punto de convergencia entre ser judío y ser, o querer ser, latinoamericano y de lograr concretar esta convergencia en la vivencia real y cotidiana.

Hasta acá las similitudes. Tanto desde el punto de vista formal como ideológico y temporal, estos dos escritos van por caminos diametralmente opuestos. A la pregunta acerca de la errancia, Gerchunoff afirma que ha terminado, mientras que para Agosín es un movimiento perpetuo. Respecto de la búsqueda de un país al que se pueda llamar hogar, Gerchunoff lo ha encontrado definitivamente, mientras que Agosín le reprocha a Dios el no estar al lado de aquellos que no lo tienen. Gerchunoff, en lógica consonancia con pertenecer a la generación inmigrante, desea hacerse argentino, mientras que para Agosín esto no constituye un problema; no desea hacerse chilena sino que lo es. Temporalmente, Gerchunoff es un inmigrante de primera generación anterior a la Segunda Guerra, mientras que la narradora de Agosín pertenece a la segunda/tercera generación y se ubica dentro de la problemática que ocupa a los escritores posteriores al holocausto. Ambos aman el castellano, pero su relación con él es de conquista en Gerchunoff y de medio natural en Agosín. Con respecto a los orígenes, Gerchunoff propone el olvido y la gradual asimilación, mientras que Agosín activamente los explora y se resiste a abandonar la impronta que tienen sobre su vida.   También la relación con las minorías locales es opuesta: mientras Gerchunoff proyecta una amalgama total con la minoría gaucha que es ahora el centro del proselitismo nacionalista, y de este modo se ubica en el centro, Agosín se siente cerca de los mapuches, con los cuales comparte limitaciones pero también un intercambio cultural que se genera y enriquece al margen de los grupos dominantes. Finalmente, las voces autobiográficas no podrían ser más dispares. El yo narrativo de Gerchunoff es exterior, funcional, refleja la experiencia de un grupo y aparece tan sólo para dar credibilidad a la experiencia narrada. El de Agosín, por el contrario, es plural, desordenado y se basa en experiencias propias y de otros en la intimidad de las historias privadas. El texto de Gerchunoff resulta en la presentación de un proyecto lineal ascendente, con un claro proyecto unificador que da, aparentemente, la respuesta final al problema que se plantea. El de Agosín es un texto fragmentario cuyos hechos aparecen desordenados, cuya secuencia es discontinua de modo de convenir una falta total de origen y / o diseño definitivo de futuro.

Para concluir esta rápida reseña de las características más salientes, señalaré que la identidad resultante del texto del argentino no tiene fracturas, el desarrollo es perfecto y la solución es clara y autosuficiente. Contrariamente, la escritora chilena presenta una identidad hecha de retazos europeos, judíos y latinoamericanos, constituida menos por respuestas que por una serie aparentemente caótica de preguntas abiertas.

Ya hemos comentado en el capítulo dedicado a Agosín algunos de los elementos que constituyen parte del repertorio de sentimientos que se ha dado en denominar auto-aborrecimiento judío. También mencionamos este lado oscuro del judaísmo cuando hicimos referencia, en el capítulo sobre Gerchunoff, a la "malaise", término que Albert Memmi elige para denotar esta incomodidad producto de su pertenencia a un determinado grupo. En esta parte de las conclusiones me interesa conectar estos dos textos en base a cómo experimentan este sentimiento y a cómo, y si, lo resuelven.

Sander Gilman define el contexto en el que surge este sentimiento: "Self-hatred results from outsiders' acceptance of the mirage of themselves generated by their reference group -that group in society which they see as defining them -as a reality" (2). Una vez aceptada la premisa del grupo referente se abren dos posibilidades: cambiar, a través de imitar los modos del grupo dominante, o no cambiar, y arriesgarse a quedar afuera. En ambos casos, hay un paso intermedio que consiste en la aceptación, aunque sea al nivel de las capas más profundas de la mente, de que las diferencias señaladas por el grupo de referencia son lo suficientemente significativas como para determinar la propia posición en la sociedad. Evidentemente, Gerchunoff propone cambiar, asimilarse y desaparecer, mientras que Agosín prefiere no cambiar y asumir las varias facetas que constituyen su identidad.

Comencemos por Gerchunoff. El autobiógrafo realiza un trabajo de revisión acerca de su propia historia que, como vimos, está plagada de falacias, para poder luego demostrar que no es cierto aquello de lo que se le acusa: urbano y distanciado de la naturaleza al tiempo que usurero que se aprovecha del trabajo ajeno. Pero su propuesta final es que, justamente porque acaba de demostrar que todas las acusaciones son falsas, él es como los demás, argentino y, por si fuera poco, gaucho. La propuesta asimilacionista total es una respuesta a la necesidad de supervivencia, como indicamos en el capítulo consagrado a su texto, pero también es una resolución tomada activamente para terminar con el autoaborrecimiento. O, dicho de otra manera, el autoaborrecimiento es un sentimiento tan intolerable que lo mejor es dejar de ser lo que se es. Sartre intuye, en una apreciación que no podría ser más acertada, que

> it is not the man but the 'Jew' whom the Jews seek to know in themselves through introspection; and they wish to know him 'in order to deny him' . . . he knows that his detachment from himself will be effective only if it is ratified by others. That is why one finds in him so often the faculty of assimilation (97).

Efectivamente, el hecho de presentar un gaucho judío, de tan corta vida en la historia argentina y de tan restringido impacto económico, es un método de asimilación y una búsqueda de aceptación por parte del grupo de referencia.

El mundo de Gerchunoff es perfecto: no sólo la Historia que diseña sino también las experiencias personales que elige componen un mundo de utopía, en el sentido literal de no-lugar, y en el sentido amplio de lugar de la imaginación. Si bien por un lado, las utopías crean visiones perfectas de armonía y felicidad, no pueden evitar el uso de la manipulación del texto y del lector. Ruppert afirma que las utopías ignoran las diferencias, reducen la multiplicidad y la diversidad y descartan todo lo que produzca conflicto y evidencie complejidad (IX). La utopía encarna el bagaje inmenso de ilusiones que Gerchunoff, junto con el resto de la primera generación inmigrante, trajo consigo al descender de los barcos y también el tipo de pensamiento que dio lugar a la generación de un proyecto semejante. Me refiero al idealismo y la fe en el futuro.

La autoridad en el texto está demarcada y es identificable porque unidad y coherencia son cualidades inherentes al sujeto, el yo autobiográfico, aun cuando esta imagen perfecta se logra a costa de una serie de contorsiones históricas. Gerchunoff, como vimos, presenta un origen (falso), un encadenamiento de hechos (de concatenación más que forzada) y un camino que desemboca en la satisfacción de una necesidad (que no se verifica en la realidad). El recorrido hacia la superación es constante y todo pasado, ya sea hispano-sefaradí o bíblico, explica y legitima el presente. El problema es que este sujeto está condicionado a cómo los demás lo definen, es decir, se mira a sí mismo según él entiende que el grupo de referencia lo mira a él. De modo que el optimismo que se respira en el texto no es más que la contracara del malestar que lleva al deseo de automodificarse. Sartre sostiene que esta inquietud con respecto a sí mismo impone sobre el judío el autoexamen constante y que el resultado es la asunción de una personalidad fantasma (78), en el sentido de inventada o alienada de sí misma.

Completamente opuesta es la aproximación de Agosín. En su texto, el tiempo se mueve en círculos y predomina la impronta del presente. Así como el tiempo, la historia no se mueve hacia adelante, sino que retoma problemáticas que se repiten de diferente manera. No hay una lógica de causas y efectos, sino un relato concreto de una situación específica en un determinado momento. El pasado entra en diálogo con el presente, pero no lo explica (Hutcheon 19).

Su visión del mundo no es optimista, los problemas persisten, y no hay soluciones generales válidas para todos los miembros de la sociedad. En todo caso, Agosín establece un equilibrio que es válido sólo para ella sin pretender dictaminar conductas a seguir. En su caso, ella ha elegido hacerse judía: ha abandonado los mitos del ser humano universal y el deseo de fundirse con el resto de la sociedad. Nuevamente Sartre afirma que una vez abandonado el racionalismo optimista, el judío "sees that the world is fragmented by irrational divisions, and in accepting this fragmentation . . . in proclaiming himself as a Jew, he makes some of these values and these divisions his" (137).

La fragmentación preside cada instancia del texto de Agosín, especialmente la que configura al yo hablante. La autoridad, por ejemplo, es escurridiza; no hay una voz única recortada de entre el conjunto, sino una multiplicidad de sujetos narrativos que se entrecruzan evitando así la coherencia y la unidad definitivas y, al mismo tiempo, generando el reciclaje y la amalgama de experiencias diversas.

Hay una diferencia situacional entre los dos narradores, sin embargo, que permite entender estas tan opuestas versiones del problema y de los planes, o no, para el futuro. Gerchunoff vivió en carne propia la década del 80 en Rusia, la profundización del antisemitismo a nivel gubernamental-institucional y la firme resolución de emigrar de su familia. Agosín, por su lado, no vivió las experiencias del holocausto que vuelven una y otra vez en su texto: son experiencias de otros, sobre las que puede reflexionar 50 años después de la finalización de la guerra. No es que su aproximación sea menos válida, sino que el problema de la supervivencia ahora, en el momento de escribir, no existe.

Gilman acuerda con Memmi en que para responder a la categorización de diferente, es necesario haber tenido primero la vivencia en carne propia de ser tratado como diferente (11). Evidentemente, la experiencia de Gerchunoff y de los familiares de Agosín responden a esta experiencia, pero no la de la narradora Frida/Marjorie que se ve expuesta a un antisemitismo local cuya virulencia no llega a los niveles oficiales de los pogroms rusos o de la Alemania nazi. De esta manera yo veo que el deseo de volverse ser humano universal, y dejar de ser judío, es primordial en el caso de Gerchunoff, mientras que la posibilidad de aceptarse totalmente y de asumir todas las facetas de la identidad es factible para Agosín.

En cuanto a Bioy Casares y Soriano, no son la experiencia inmigratoria o el origen étnico sino las diferencias de clase y la brecha generacional lo que establece los contrastes entre ambos autores y, por lo tanto, entre ambos textos autobiográficos.

Lo primero que debemos señalar respecto a estos textos es su estructura y sus tiempos internos. El texto de Bioy mantiene un orden que podríamos llamar tradicional en este tipo de escritura: comienza en la infancia, sigue el curso de una vida y termina con aspectos importantes alrededor de la madurez del autor. Los materiales de los que se nos da noticia, según hacen su aparición temporal, tienen que ver con el habitat, la familia, las relaciones interpersonales y su importancia en la formación y en el devenir personal. Incluye fotografías del archivo personal cuya función es sólo ilustrar ciertos momentos y algunas personas que pasaron por su vida.

En el texto de Soriano no hay ni principio ni continuidad: el tiempo está restringido a los años que van del 48 al 57 ó 58 aproximadamente. Si bien hay una progresión temporal dentro de este segmento, la experiencia se concentra en sólo un aspecto de su vida personal, su relación con su padre, y en una situación política específica, el primer peronismo. Si hay algún cambio de tiempo vital, éste se produce por un salto hacia adelante cuando relata una visita a Cipolletti, 30 años después de lo acontecido en el relato.

Bioy Casares pertenece a un grupo social que se define por un linaje del que se siente orgulloso, ya sea por haber sido parte de las luchas independentistas, los Casares, como por constituirse en dos de las familias agrícolo-ganaderas más importantes de la pampa bonaerense, los Casares y los Bioy. El otro linaje que inaugura Adolfo Bioy, padre del autor, es el de la escritura: como cronista del pueblo bonaerense abre el camino para la trayectoria literaria del hijo. Podemos decir que el padre de Bioy Casares es el modelo del individuo ganador y que el hijo, aun con su delicado pudor, muestra la admiración que esta cualidad personal y social le despierta.

Mientras Bioy puede rastrear sus orígenes en los comienzos mismos de la patria, Soriano no ubica su ascendencia más allá de sus padres de los cuales, además, no sabemos mucho tampoco: solamente que Soriano padre es un simple empleado estatal y que su madre trabajaba en una fábrica antes de casarse. Su falta de puntos de referencia familiares hace de la vida de Soriano una creación personal de la mayor importancia: desde su impronta periodística a su creación literaria Soriano se nos aparece como una entidad emblemática del concepto del "self-made man": sin lecturas formativas, sin mayor educación formal y con muy poca visión de futuro en el horizonte de espectativas de los padres, Soriano viene a ocupar un lugar original con respecto a su familia y en el mundo literario argentino.   Si bien hay intereses en común entre estos dos escritores, sus connotaciones sociales no podrían ser más dispares. El interés por el deporte, por ejemplo, está subrayado en ambos textos, pero los deportes de Bioy son todos aquellos a los que Soriano no tendría, si así lo deseara, acceso alguno: tenis, polo, rugby. El fútbol, el deporte por antonomasia de la vida popular argentina, no tiene la menor mención en el texto de Bioy. Los lugares que frecuentan son tan disímiles como sus vidas: mientras Bioy disfruta del Buenos Aires Tenis Club y el Jockey Club, el espacio físico del esparcimiento del joven Soriano va del potrero, para jugar los partidos sabatinos, a los bailes del club social local para alternar con las jóvenes pueblerinas. La casa y el barrio ocupan un lugar importante en la vida de Bioy: su barrio distinguido, referido con abundancia de detalle, como la descripción de la arquitectura de su casa y la de las familias vecinas con el moblaje característico y los objetos de valor, pintan el mundo social, económico y cultural de la aristocracia bonaerense. Soriano, por su parte, no tiene mucho para describir: nos imaginamos el lugar en el que vive, pero no hay descripciones directas. Su casa humilde tiene como todo ornamento digno de mención el peral que se encontraba en el centro del patio de su casa en Cipolletti.

Como hombres de letras, sus respectivas trayectorias y la manera en que las presentan en el texto definen la relación que cada uno tiene con la literatura. Bioy enumera sus lecturas, las que considera parte sustancial de su formación como escritor, y detalla, autocrítica incluida, la mayor parte de sus creaciones. Su vida, por otra parte, estuvo dedicada no solamente a la tarea de escribir, sino especialmente a la de ser escritor: sus relaciones profesionales y personales, su trabajo editorial y sus colaboraciones así lo acreditan. En resumen, su texto está consagrado a mostrar la autocreación del escritor que es Bioy Casares. Soriano, por su parte, no le otorga ningún lugar en su texto a estas visicitudes profesionales. En realidad, no escribe como un escritor que quiere mostrar su trayectoria profesional ascendente y su consecuente posición destacada en las letras argentinas. El texto de Soriano es vivido por el lector como una reflexión extendida acerca de lo que podríamos resumir como la desintegración moral de la vida argentina.

Con respecto a la historia y la política, en la vida de Bioy no van de la mano de lo personal: dado el momento en el que se desarrolla su vida, ya no hay una conexión íntima entre el mundo de afuera y el propio. Más aun, Bioy encarna el final de esa unidad de experiencia que ya no lo es más para las clases altas argentinas: a pesar de haber perdido el poder político han sabido mantener su impacto en la tradición literaria argentina. Contrastando con esta desconexión, la vida de Soriano no sólo establece una trama de correspondencias entre lo social y lo personal, sino que encarna una vivencia en la que la política estructura y condiciona la vida personal.

En el texto de Bioy el autor es, sin lugar a dudas, el personaje principal de la historia. En el de Soriano la ubicación de este elemento es más difusa: el narrador es, sin lugar a dudas, el personaje alrededor del cual gira la historia, pero el padre, con Perón como contracara, ocupa el puesto central en la instrumentación del conflicto que informa el escrito. Muy útil es el comentario de Linda Hutcheon quien afirma que no existe práctica cultural que no contenga un subtexto ideológico que, por su propia naturaleza, determina las condiciones de producción de significado (XII). Efectivamente, el padre parece concebido como esa metáfora de la Argentina perdedora que angustia al autor. Dado que Soriano confiesa en el epígrafe que la figura del padre se le impuso sin que él se diera cuenta, podemos aventurar que ésta es una metáfora implícita que ya estaba presente antes de ponerse a escribir; en otras palabras, las viñetas autobiográficas le permiten ahondar en una preocupación que arrastra desde antes.

El último tema que estos dos escritores tienen en común es el espíritu nihilista que informa ambos textos autobiográficos. Como comentamos al analizar sus *Memorias*, el desasosiego de Bioy resulta de un estado de constante extrañamiento de sí mismo, de un sentimiento de no poder responder al modelo de sus antepasados, ya sea como administrador, abogado o estanciero. Pero el autor encuentra una salida digna a tal desacomodo: la continuidad de una tradición de escritura. En Soriano, por el contrario, el desasosiego parece más abismal: no puede haber continuidad familiar porque detrás de él no hay nada que respalde su vocación literaria; tampoco hay consistencia ideológica porque ha roto definitivamente con las ilusiones de la infancia; finalmente, no hay esperanza moral una vez que se ha llegado a un nivel de desintegración que, para el autor, resulta irreversible.

En este estudio hemos subrayado los componentes formales, los datos y el encuadre de las experiencias narradas de acuerdo a un plan inicial integrativo de lo personal con lo social, lo político y lo histórico, según se presentaba en cada texto autobiográfico. La fusión de datos y proyectos, o sea, de hechos encastrados en un diseño de presentación de acuerdo a un objetivo unificador, da lugar a textos narrativos que funden las técnicas historiográficas con las consideradas estrictamente literarias. De modo que resultaría muy interesante reflexionar acerca del formato al que responden estos cuatro textos. Cada formato específico condice plenamente con el horizonte narrativo del escritor que se propone contarse a sí mismo sabiendo, a veces en un recoveco de la mente, que su historia personal es también, y principalmente, la historia de una determinada comunidad humana.

El objetivo del historiador-autobiógrafo es otorgar coherencia lógica a la serie de datos que ha logrado agrupar alrededor del hecho, momento o período en cuestión. Para lograr esta coherencia debe hacer uso, o crear, algún tipo de estrategia explicativa que estaría presente en la misma concepción del tema a tratar. Una de estas estrategias consiste en el tipo particular de narración de la historia (ideas, opiniones, punto de vista, relaciones de causa-efecto, etc.) a partir del cual se organiza la narración. Lo que más se destaca en los cuatro textos que hemos estudiado es el tipo de resolución que presentan. Gerchunoff y Bioy Casares arriban a un equilibrio en el que los conflictos resuelven en un punto de reconciliación y optimismo. En cambio, en Agosín y Soriano predomina el pesimismo y el escepticismo en cuanto al futuro de los conflictos planteados. Veamos cada caso separadamente.

El texto de Gerchunoff nos lleva a un mundo de obstáculos y superación, de esfuerzos y premio, en fin, de fuerzas positivas y de mejoramiento personal y espiritual. Es la conquista de un mundo mejor, más feliz y sustentado por un nuevo equilibrio allí donde reinaba el desorden, la injusticia y el sufrimiento. La victoria de Gerchunoff se logra luego de una vida de errancia, aislamiento y extrañamiento que su grupo de pertenencia ha experimentado hasta ahora. Las visicitudes extremadamente difíciles de la experiencia no sólo han terminado sino que han sido parte decisiva en la superación y trascendencia del individuo y su grupo. Y, aunque parezca una falacia, el triunfo consiste, primero y fundamentalmente, en desparecer, es decir, desaparecer como judío. Una vez superado este obstáculo, el camino ya está abierto: total asimilación y renacimiento final como argentino.

La reconciliación como movimiento e interacción se produce entre los hombres y entre éstos y la sociedad en la que deben interactuar. Lo que parecía, justamente, irreconciliable al principio, termina dando lugar a un nuevo equilibrio de fuerzas, más armónicamente reacomodadas: se experimenta una liberación, aunque sea temporaria.

Bioy Casares nos ha ofrecido un final feliz luego de haber superado las contradicciones de su situación. Habíamos centrado el desasosiego de Bioy en esa constante tensión entre lo que debía haber sido como estanciero, abogado y administrador, y su incapacidad para ello. También abordamos esta tensión en términos sociales como expresión del cambio irreversible de la posición relativa de la aristocracia argentina en el contexto de la comunidad en su conjunto. Estas experiencias paralelas de desajuste terminan al alcanzar el héroe de la historia un nuevo equilibrio: su autocreación como autor reorganiza, momentáneamente quizás, las fuerzas opuestas entre los individuos de una misma clase social, especialmente él mismo con respecto a sus propios padres, y entre esta clase social y el resto de la sociedad, ya no con poder político pero con una enorme influencia artística e intelectual.

En ambos casos, Gerchunoff y Bioy ponen el acento en la fuerza de los individuos y su capacidad para cambiar la situación en la que operan los elementos en juego. El sentimiento predominante es el optimismo, la fe en lo ilimitado de las facultades humanas para enfrentar el destino y cambiar su rumbo. Ya sea en la utopía de Gerchunoff como en la armonía momentánea de Bioy, el producto es un par de textos en los que el ser humano es la medida de todas las cosas: la adversidad es un reto a la imaginación y a la acción; el triunfo, la redención total del espiritu.

Agosín y Soriano representan lo opuesto: sus textos encarnan la gran caída, es decir, la convicción de que el ser humano está dominado por el mundo, no es el amo sino el esclavo. La muerte o, lo que es lo mismo, la capacidad de entender el sentido último del mundo tal cual es, es una entidad de la conciencia total y abarcadora, y las fuerzas de la voluntad resultan inadecuadas para superar su capacidad determinante y final. Agosín se encargó de plantear sus interrogantes y, como vimos, su final no ofrece respuestas definitivas; más bien, nos deja con los mismos interrogantes, sólo transplantados en tiempo y espacio. Para Agosín no hay final de una búsqueda, por ejemplo, sino reencarnaciones de la misma vivencia. Las resonancias de la historia, cuya expresión es esa identidad armada a partir de retazos de experiencia, dan como resultado que la narradora tome la decisión de no cerrar el capítulo de su historia personal y la de su grupo. A través de la acción de escribir Agosín arriba a la convicción de que hay más que sueños y deseos: hay realidades que arrollan al individuo y éste no tiene el poder de cambiar sus designios. El logro de fundirse con el medio y, como en un exorcismo, espantar los conflictos de identidad no es una opción creíble para Agosín: deberá aceptar que es un ser cautivo en un mundo complejo regido por leyes que escapan a su influencia. En otras palabras, no hay soluciones y la narradora no dictamina modelos a seguir porque no cree en ellos.

Las relaciones humanas y sociales quedan caracterizadas como lo mismo que vuelve a repetirse en lo diferente: la vida es un proceso cíclico en el que los comportamientos humanos reaparecen una y otra vez pero en diferentes ámbitos físicos y temporales. En el caso de Soriano, sin embargo, se manifiesta una diferencia: su texto nos enfrenta, como el anterior, con la futilidad de los esfuerzos por superar las divisiones entre los hombres y entre éstos y la sociedad que enfrentan. Pero, su impronta no desdeña la posibilidad de abrir la mente a un nuevo nivel de conciencia en el cual seríamos capaces de ver el mundo que nos rodea y aceptaríamos resignarnos a las leyes que rigen la existencia humana. La sabiduría que promueve consiste en permitir una interrupción de la lucha contra fuerzas poderosas y en promover la decisión de manipularlas dentro de las posibilidades reales de la situación que tenemos entre manos. Soriano no sólo nos ha mostrado esa realidad; también ha propuesto para sí mismo y para su lector, un nuevo nivel de reflexión y de comportamiento social. La certeza por parte de Soriano de la incontestable interrelación entre lo personal y lo político, especialmente cuando sus consecuencias son nefastas, resulta en una experiencia de aprendizaje para nosotros, los lectores. La resignación, y la práctica consciente y activa de esa resignación, es lo que el texto pide que el lector sea capaz de asumir, a pesar de que las fuerzas negativas, léase la barbarie, están entre nosotros para quedarse.

El territorio de lo autobiográfico es ideal para explorar las repercusiones textuales de la falsa oposición entre realidad y ficción. En mi opinión, escribir sobre la realidad es una forma de invención a través de la cual el autobiógrafo puede dramatizar sus propios fantasmas. Al mismo tiempo, observo que incluir elementos de ficción es una manera no menos auténtica de escribir sobre un conjunto de circunstancias que van más allá de lo imaginario y que se inscriben en el campo de la realidad ideológica, social y política de un determinado momento.

Notas

CAPÍTULO 1:
ALBERTO GERCHUNOFF: IDEOLOGÍA

1. Es interesante destacar la interacción entre gauchos nativos y judíos agauchados. Elkin anota, por ejemplo, que así como el judío aprendió esas destrezas trabajando con el gaucho, éste aprendió un idish rudimentario para comunicarse con su exótico vecino. Efectivamente, en las zonas lindantes con Brasil, aun hoy se pueden encontrar trabajadores de la madera que suelen utilizar vocablos en idish.
2. Habría que agregar acá que, así como la identidad latinoamericana es diversa y compleja, la identidad judía a lo largo y ancho del mundo también lo es. No sólo por la división entre sefaradíes y ashkenazíes, sino por la gama de grandes y pequeñas acomodaciones culturales que las comunidades judías realizan de Buenos Aires a Túnez, de Nueva York a Moscú.

CAPÍTULO 2: MARJORIE AGOSÍN: MEMORIA

1. Acerca de su activismo en derechos humanos, véase *Las Hacedoras: mujer, imagen, escritura* y *Surviving Beyond Fear: Women, Children, and Human Rights in Latin America*.
2. Es interesante consultar sus antologías: *Passion, Memory, and Identity. Twentieth Century Latin American Jewish Women Writers*; *Secret Weavers. Stories of the Fantastic by Women Writers of Argentina and Chile*; *The House of Memory. Stories by Jewish Women Witers of Latin America*.

CAPÍTULO 3: ADOLFO BIOY CASARES: CLASE SOCIAL

1. Para una descripción detallada de la evolución de la aristocracia argentina, véase *Historia de los argentinos*, de Carlos Alberto Floria y César A. García Belsunce. También puede consultarse *The Political Economy of Argentina*, de Mónica Peralta-Ramos, que presenta un panorama de las relaciones entre la burguesía ganadera y los sucesivos gobiernos a partir de los años 30.
2. Cambalache: aquí utilizado en su sentido restringido local de tienda en la que se compran y venden objetos usados expuestos con desorden y poco cuidado. El mundo como un cambalache queda descripto a través de la enumeración de tipos humanos diferentes.
3. En Mar del Plata se puede visitar la Villa Ocampo, residencia veraniega y salón literario de Victoria Ocampo, hoy museo, centro cultural y archivo.
4. Obras en colaboración: Seis problemas para don Isidoro Parodi, 1942; Un modelo para la muerte, 1946; Los orilleros. El paraíso de los creyentes, 1955; Crónicas de Bustos Domecq, 1967; Nuevos cuentos de Bustos Domecq, 1977.
5. El cuento "Casa tomada" de Julio Cortázar, muy a propósito, ha generado interpretaciones basadas en esta "persecución" de la clase ganadera por parte de las clases más populares. En él, un hermano y una hermana integrantes de una familia rica en decadencia viven en una casa-mansión que poco a poco es invadida y finalmente tomada por hordas de seres desconocidos e invisibles.

CAPÍTULO 4: OSVALDO SORIANO: POLÍTICA

1. En el año 1982 el gobierno militar de Argentina ordenó una expedición a las Malvinas desde donde declaró la guerra a Gran Bretaña por la recuperación de las islas. Hasta ese momento, las negociaciones habían sido un asunto tratado a nivel diplomático en las Naciones Unidas.
2. "Evita Capitana" es uno de los versos de la marcha que se constituyó en el himno personal de Eva Perón. Solía entonarse durante la apertura de los campeonatos infantiles de fútbol a los que asistía con frecuencia.
3. Dice Félix Luna que "la huída de Cortázar a Europa en 1952, no porque lo persiguieran sino porque le aburría mortalmente la cultura oficializada en la Argentina, es una decisión paradigmática que muchos cumplieron sin moverse, como una afirmación espiritual de protesta" (*Perón y su tiempo* II, 335).
4. Todas las citas de Foucault han sido tomadas de *Ethics*.

Bibliografía

TEXTOS PRIMARIOS

Agosín, Marjorie. *A Cross and a Star. Memoirs of a Jewish Girl in Chile*. Trans. Celeste Kostopulos-Cooperman. Albuquerque: U of New Mexico P, 1995.
Bioy Casares, Adolfo. *Memorias*. Barcelona: Tusquets Editores, 1994.
Gerchunoff, Alberto. *Autobiografía*. Buenos Aires: Libreros y Editores del Polígono, 1914.
Soriano, Osvaldo. *Cuentos de los años felices*. Buenos Aires: Editorial Sudamericana, 1993.

TEXTOS SECUNDARIOS

Agosín, Marjorie. Ashes of Revolt. Fredonia, N.Y.: White Pine Press, 1996.
———. Dear Anne Frank. Poems. Washington D.C.: Azul Editions, 1994.
———. *Las Hacedoras: mujer, imagen, escritura*. Santiago, Chile: Editorial Cuarto Propio, 1993.
———, ed. *The House of Memory. Stories by Jewish Women Writers of Latin America*. New York: The Feminist Press at The City University of New York, 1999.
———, ed. Passion, Memory and Identity. Twentieth-Century Latin American Jewish Women Writers. Albuquerque: U of New Mexico P, 1999.
———. Sagrada memoria. Reminiscencias de una niña judía en Chile. Santiago, Chile: Editorial Cuarto Propio, 1994.

———, ed. Secret Weavers. Stories of the Fantastic by Women Writers of Argentina and Chile. Fredonia: White Pine Press, 1992.

———, ed. Surviving Beyond Fear: Women, Children, and Human Rights in Latin America. Fredonia: White Pine Press, 1993.

———. *Women of Smoke. Latin American Women in Literature and Life*. Trans. Janice Molloy. Trenton: The Red Sea Press, 1989.

Aínsa, Fernando. *Los buscadores de la utopía*. Caracas: Monte Avila Editores, 1977.

Aizcorbe, Roberto. *Argentina. The Peronist Myth*. New York: Exposition Press, 1975.

Aizenberg, Edna. "Alberto Gerchunoff: ¿gaucho judío o antigaucho europeizante?". *Anuario de Letras* 15 (1977): 197–215.

———. Books and Bombs in Buenos Aires. Borges, Gerchunoff, and Argentine-Jewish Writing. Hanover (NH): UP of New England, 2002.

———. "Borges, Gerchunoff y el gaucho [judío]". *Raíces* 1:1 (1991): 26–29.

———. "Parricide on the Pampa: Deconstructinog Gerchunoff and His Jewish Gauchos." *Folio: Essays on Foreign Languages and Literatures* 17 (1987): 24–39.

Alberdi, Juan Bautista. Bases y puntos de partida para la organización política de la República Argentina. Buenos Aires: Centro Editor de América Latina, 1979.

Alexander, Robert J. *Juan Domingo Perón: A History*. Boulder, Colorado: Westview Press, 1979.

Altamirano, Carlos y Beatriz Sarlo, eds. *Ensayos argentinos. De Sarmiento a la Vanguardia*. Buenos Aires: Ariel, 1997.

Altamirano, Carlos. "Peronismo y cultura de izquierda (1955–1965)." *Latin American Studies Center Series* 6 (1992): 1–38.

Alvarez, María Antonia. "La autobiografía y sus géneros afines." *Epos* (1989): 439–450.

Anderson, Benedict. Imagined Communities. Reflections on the Origin and Spread of Nationalism. London W: Verso Editions and NLB, 1983.

Anderson, Jon Lee. *Che Guevara. A Revolutionary Life*. New York: Grove Press, 1997.

Avni, Haim. Argentina and the Jews. A History of Jewish Immigration. Tuscaloosa: The U of Alabama P, 1991.

Arciniegas, Germán. *América en Europa*. Buenos Aires: Editorial Sudamericana, 1975.

Barylko, Jaime. "El pluralismo es la esencia del judaísmo". *Encuentro* (1986): 167–172.

Barr, Lois Baer. "Cuarteles de invierno: The Reign of the Unrighteous." *Revista de Estudios Hispánicos* 19(3)(October 1985): 49–59.

———. Isaac Unbound: Patriarchal Traditions in the Latin American Jewish Novel. Tempe: Arizona State U, 1995.

Baskin, Judith R. ed. *Women of the Word. Jewish Women and Jewish Writing*. Detroit: Wayne State UP, 1994.

Bastos, María Luisa. "Topografía de la ambigüedad: Buenos Aires en Borges, Bianco, Bioy Casares." *Hispamérica: Revista de Literatura* 9(18) (1981): 17–26.

Benedetti, Mario. *El desexilio y otras conjeturas*. Buenos Aires: Editorial Nueva Imagen, 1985.

Bettelheim, Bruno. "La lección ignorada de Ana Frank". *Raíces* 1:1 (1991): 52–56.

Best, Stevens and Douglas Kellner. *Postmodern Theory. Critical Interrogation*. New York: The Guilford Press, 1991.

Bhabha, Homi K. *Nation and Narration*. London and New York: Routledge, 1990.

———. *The Location of Culture*. London and New York: Routledge, 1994.

Bilbija, Ksenija. "El ojo de la patria de Osvaldo Soriano: ¿El milagro (argentino) o la industria (multinacional)? *Revista Chilena de Literatura* 59(Noviembre 2001):65–79.

Bioy Casares, Adolfo. "Autocronologías." *Homenaje a Bioy Casares*, 38–39.

———. *De jardines ajenos*. Ed. Daniel Martino. Buenos Aires: Temas Grupo Editorial, 1997.

———. Memoria sobre la pampa y los gauchos. Buenos Aires: Sur, 1970.

Block de Bejar, Lisa and Isidra Solari de Muró, eds. *Adolfo Bioy Casares en Uruguay. De la amistad y otras coincidencias*. Montevideo: Centro Cultural Internacional de Salto, 1993.

———. "Una épica de la invención." *Cuadernos Hispanoamericanos* 609 (March 2001): 57–66.

Boerner, Peter. Ed. *Concepts of National Identity. An Interdisciplinary Dialogue*. Baden-Baden: Nomos Verlagsgesellschaft, 1986.

Borello, Rodolfo A. "Borges y los escritores liberales argentinos: visión narrativa del período peronista (1944–1955)." *Ottawa hispánica* 3 (1981): 59–89.

Borges, Jorge Luis. *Borges oral*. Barcelona: Editorial Bruguera, 1980.

———. *Obras completas*. 2nd. ed. 4 vols. Buenos Aires: Emecé Editores, 1996.

———. "La invención de Morel." *Prólogos con un prólogo de prólogos*. Buenos Aires: Torres Agüero Editor, 1975.

———. "Prólogo". *Recuerdos de provincia* by Domingo Faustino Sarmiento. Buenos Aires: Emecé Editores, 1998.

———. "Retorno a Don Quijote." *Prólogos con un prólogo de prólogos*. Buenos Aires: Torres Agüero Editor, 1975.

Borochov, Ber. Nationalism and Class Struggle. A Marxian Approach to the Jewish Problem. New York: Young Poale Zion Alliance of America, 1937.

Brodsky, Joseph. "The Condition We Call 'Exile'". *Literature in Exile*. Ed. John Glad. Durham and London: Duke UP, 1990: 100–130.

Buber, Martin. *Between Man and Man*. Trans. Ronald Gregor Smith. Boston: Beacon Press, 1955.

———. *I and Thou*. Trans. Ronald Gregor Smith. New York: Charles Scribner's Sons, 1957.

Cabo Aseguinolaza, Fernando. "Autor y autobiografía." Romera Castillo 133–138.

Calabrese, E.T. et al. *Itinerarios entre la ficción y la historia*. Buenos Aires: Grupo Editor Latinoamericano, 1994.

Calhoun, Craig. *Nationalism*. Minneapolis: U of Minnesota P, 1997.

Camurati, Mireya. *Bioy Casares y el alegre trabajo de la inteligencia*. Buenos Aires: Corregidor, 1990.

———. "Bioy entre diarios." *América Hispánica* 5.8(1992): 11–25.

Castanedo Arriandiaga, Fernando. "La focalización en el relato autobiográfico." Romera Castillo 147–152.

Castañeda, Jorge G. *Compañero. Vida y muerte del Che Guevara*. New York: Random House, 1997.

Catelli, Nora. "Ni penas ni olvodo: Entrevista con Osvaldo Soriano." *Quimera: Revista de Literatura* 29 (March 1983): 26–31.

Clifford, James. "Diasporas." *Cultural Anthropology* 9:3 (1994): 302–338.

Cohen, Martin A, ed. *The Jewish Experience in Latin America*. New York: KTAV Publishing House, 1971.

Colás, Santiago. *Postmodernity in Latin America. The Argentine Paradigm.* Durham: Duke UP, 1994.

Confesiones de escritores. Los reportajes de The Paris Review. Escritores Latinoamericanos. Buenos Aires: El Ateneo, 1996.

Corpa Vargas, Mirta. *Eva Perón en el cristal de la escritura. Mabel Pagano, personaje literario y postrauma.* New York: Peter Lang Publishing Inc., 2000.

Davar. Revista Literaria. Nros. 31–32–33. Homenaje a la memoria de Alberto Gerchunoff. Buenos Aires: Sociedad Hebraica Argentina, 1951.

Degiovanni, Fernando. "Alberto Gerchunoff y la tradición liberal argentina." *Cuadernos Hispanoamericanos* 604 (October 2000): 73–84.

———. "Inmigración, nacionalismo cultural, campo intelectual: El proyecto creador de Alberto Gerchunoff." *Revista Iberoamericana* 66(191) (April-June 2000): 367–79.

Delgado, José A. "Binarración y parodia en las novelas de Osvaldo Soriano." PH.D Diss.: U of Virginia, 1997.

de Man, Paul. "La autobiografía como desfiguración." *Suplementos Anthropos* 29 (1991): 9–18.

Diament, Mario. *Conversaciones con un judío.* Buenos Aires: Timerman Editores, 1977.

DiAntonio, Robert and Nora Glickman, eds. Tradition and Innovation. Reflections on Latin American Jewish Writing. Albany: SUNY P, 1993.

Discépolo, Enrique Santos. "Cambalache." *Julio Sosa. Mis mejores tangos.* Columbia, 2000.

Domínguez Caparrós, José. "Algunas ideas de Bajtín sobre la autobiografía." Romera Castillo 177–186.

Dujovne Ortiz, Alicia. *Eva Perón. A Biography.* Trans.
Shawn Fields. New York: St. Marin's Griffin, 1997.

Edwards, Robert. "Exile, Self, and Society". *Exile in Literature.* Ed. María-Inés Lagos-Pope. London and Toronto: Bucknell UP, 1988: 15–31.

Elkin, Judith Laikin and Gilbert W. Merkx, eds. *The Jewish Presence in Latin America.* Boston: Allen and Unwin, 1987.

Elkin, Judith Laikin. *Jews of the Latin American Republics.* Chapel Hill: The U of North Carolina P, 1980.

———. *The Jews of Latin America.* New York: Holmes and Meier, 1998.

"El viajero incansable". *Homenaje a Bioy Casares,* 20–21.

Encuentro de escritores: Pluralismo e identidad. Lo judío en la literatura latinoamericana. Buenos Aires: Editorial Milá, 1986.

Ezrahi, Sidra DeKoven. *Booking Passage. Exile and Homecoming in the Modern Jewish Imagination.* Berkeley, Los Angeles, London: U of California P, 2000.

Feierstein, Ricardo. "Prólogo". *Cien años de narrativa judeoargentina, 1889–1989.* Buenos Aires: Milá Editor, 1990: 15–20.

———. "Prólogo." Cuentos judíos latinoamericanos. Buenos
Aires: Milá Editor, 1989: 5–12.

———. *Historia de los judíos argentinos.* Buenos Aires: Ameghino Editora, 1999.

———. *Judaísmo 2000.* Buenos Aires: Lugar Editorial, 1988.

———. *Mestizo.* Buenos Aires: Editorial Milá, 1988.

———. Nosotros, la generación del desierto. We, the Generation in the Wilderness. Boston: Ford-Brown Publishers, 1989.

Fernández Vega, José. "Herederos. Los Bioy en su campo de letras." *Cuadernos Hispanoamericanos* 536 (1995): 113–119.

Flores, Arturo. "Fronteras y posibilidades de lo real: la recreación desde lo femenino en *Sagrada memoria: Reminiscencias de una niña judía en Chile*, de Marjorie Agosín." *Taller de letras* 24(1996): 99–112.

Floria, Carlos Alberto y César A. García Belsunce. *Historia de los argentinos*. 2 vols. Buenos Aires: Ediciones Larousse Argentina, 1992.

Foster, David William, Melissa Fitch Lockhart and Darrell B. Lockhart. *Customs and Culture of Argentina*. Westport, Connecticut: Greenwood Press, 1998.

Foucault, Michel. *Ethics. Subjectivity and Truth.* V.1. Ed. Paul Rabinow. New York: The New Press, 1997.

———. "Technologies of the Self." Martin, Gutman, and Hutton 16–49.

———. "The Discourse on Language". *Critical Theory since 1965*. Ed. Hazard Adams and Leroy Searle. Tallahassee: Florida State UP, 1986. 148–162.

———. *The Foucault Reader*. Ed. Paul Rabinow. New York: Pantheon Books, 1984.

———. "The Political Technology of Individuals." Martin, Gutman, and Hutton 145–162.

———. "Truth and Power." *The Foucault Reader* 51–75.

Frank, Anne. *The Diary of a Young Girl. The Definitive Edition*. Ed. Otto Frank and Mirjam Pressler. New York, London: Doubleday, 1991.

Friedman, Edward H. "Theory in the Margin: Latin American Literature and the Jewish Subject." Sheinin and Baer Barr 21–32.

Friedman, Susan Stanford. "Women's Autobiographical Selves. Theory and Practice." *The Private Self. Theory and Practice of Women's Autobiographical Writings*. Ed. Shari Benstock. Chapel Hill and London: The U of North Carolina P, 1988: 34–61.

Gardiol, Rita, ed. and trans. *The Silver Candelabra and Other Stories. A Century of Jewish Argentine Literature*. Pittsburgh: Latin American Literary Review Press, 1997.

Garretón, Manuel A., Saúl Sosnowski and Bernardo Subercaseaux, eds. *Cultura, autoritarismo y redemocratización en Chile*. México D.F: Fondo de Cultura Económica, 1993.

Garrido, Alberto, comp. *Exilio. Nostalgia y creación*. Mérida: Dirección de cultura de la Universidad de los Andes, 1987.

Gellner, Ernest. *Nationalism*. New York: New York UP, 1997.

Gerchunoff, Alberto. *Argentina, país de advenimiento*. Buenos Aires: Editorial Losada, 1952.

———. *Figuras de nuestro tiempo*. Buenos Aires: Editorial Vernácula, 1979.

———. *Los gauchos judíos*. Buenos Aires: Aguilar, 1981.

———. *Retorno a Don Quijote*. Buenos Aires: Editorial Sudamericana, 1951.

Giacomimo, Marta. "Espacios de soledad. Entrevista con Osvaldo Soriano." *Quimera: Revista de Literatura* 89 (1989 May): 45–51.

Gilman, Sander L. *Jewish Self-Hatred. Anti-Semitism and the Hidden Language of the Jews*. Baltimore and London: The Johns Hopkins UP, 1986.

Glickman, Nora. "Biografía como auto-reflexión." *Folio: Essays on Foreign Languages and Literatures* 17(1987): 16–23.

———. "Jewish Women Writers in Latin America." Baskin 299–322.

Goldberg, Paul L. "Los silencios contados: The Force of Absence and the Articulation of Silence in Margo Glantz's Las genealogías and Marjorie Agosín's Sagrada memoria: Reminiscencias de una niña judía en Chile." *Monographic Review/Revista Monográfica* 16(2000):315–26.

Goldwert, Marvin. Democracy, Militarism, and Nationalism in Argentina, 1930–1966. Austin: U of Texas P, 1972.

Goloboff, Gerardo Mario. "De la lengua impura". *Encuentro* (1986): 123–127.

Gordimer, Nadine. *Writing and Being*. Cambridge, MA: Harvard UP, 1995.

Graeber, Isacque and Stewart Henderson Britt. *Jews in a Gentile World*. New York: The Macmillan Company, 1942.

Grieco y Bavio, Alfredo. "La crítica literaria de Adolfo Bioy Casares." *Adolfo Bioy Casares en Uruguay. De la amistad y otras coincidencias*. Eds. Lisa Block de Béjar and Isidra Solari de Muró. Montevideo: Centro Cultural Internacional de Salto, 1991 161–173.

Gusdorf, George. "Condiciones y límites de la autobiografía." *Suplementos Anthropos* 29 (1991): 9–18.

Gutting, Gary, ed. *The Cambridge Companion to Foucault*. Cambridge: Cambridge UP, 1994.

Halperín Donghi, Tulio. *The Buenos Aires Landed Class and the Shape of Politics in Argentina, 1820–1930*. Milwaukee: University of Wisconsin, Center for Latin America, 1991.

Hatley, James. Suffering Witness. The Quandary of Responsibility after the Irreparable. Albany: State University of New York P, 2000.

Healy, Seán Desmond. *Boredom, Self, and Culture*. London and Toronto: Associated University Presses, 1984.

Hernández Alvarez, Vicenta. "Algunos motivos recurrentes en el género autobiográfico." Romera Castillo 241–245.

Herzl, Theodor. *Old-New Land*. New York: Bloch Publishing Co. and Herzl Press, 1960.

———. "The Jewish State". *Theodor Herzl. A Portrait for this Age*. Ed. Ludwig Lewisohn. Cleveland and New York: The World Publishing Company, 1955. 233–303.

Heschel, Abraham Joshua. *The Earth Is the Lord's. The Inner World of the Jew in Eastern Europe*. 3rd ed. Woodstock: Jewish Lights Publishing, 1995.

Hoffman, Eva. Shtetl. The Life and Death of a Small Town and the World of Polish Jews. Boston, New York: Houghton Mifflin, 1998.

Homenaje a Bioy Casares. Buenos Aires: La Maga, 1996.

Horno-Delgado, Asunción, Eliana Ortega, Nina M. Scott, and Nancy Saporta Sternbach, eds. *Breaking Boundaries. Latina Writing and Critical Readings*. Amherst: The U of Massachusetts P, 1989.

Horowitz, Irving Louis. "Jewish Ethnicism and Latin American Nationalism". *Midstream* 18 (1972): 22–28.

———. "The Jewish Community of Buenos Aires". *Jewish Social Studies* 24 (1962): 195–222.

Hortiguera Apelian, Hermes Hugo. "literatura cambalachesca: La heterogeneidad discursiva en la novelística de Osvaldo Soriano." PH.D. Diss.:U of New South Wales, 1999.

Hutcheon, Linda. *A Poetics of Postmodernism. History, Theory, Fiction*. New York and London: Routledge, 1988.

Itzigsohn, Sara, Ricardo Feierstein, Isidoro Niborski and Leonardo Senkman, eds. *Integración y marginalidad. Historias de vidas de inmigrantes judíos en la Argentina*. Buenos Aires: Editorial Pardés, 1985.

Jitrik, Noé. *El 80 y su mundo*. Buenos Aires: Editorial Jorge Alvarez, 1968.

———, ed. *Historia crítica de la literatura argentina*. Buenos Aires: Emecé Editores, 1999.

———. *Las armas y las razones. Ensayos sobre el peronismo, el exilio, la literatura*. Buenos Aires: Editorial Sudamericana, 1984.

Kandiyoti, Dalia. *Modern Fiction Studies* 44(1) (Spring 1998): 77–122.

Keller, Werner. *Diaspora. The Post-Biblical History of the Jews*. New York: Harcourt, Brace & World, 1966.

Kostopulos-Cooperman, Celeste. "Through a field of Stars I remember." Sadow, Stephen A. (ed. And introd.) *King David's Harp: Autobiographical Essays by Jewish Latin American Writers*. Albuquerque: U of New Mexico P, 1999.

Kovacci, Ofelia. *Adolfo Bioy Casares*. Buenos Aires: Ministerio de Educación y Justicia, 1963.

Kremer, S. Lillian. *Women's Holocaust Writing*. Lincoln and London: U of Nebraska P, 1999.

Lagos-Pope, María Inés, ed. and Introd. *Exile in Literature*. London: Bucknell UP, 1988.

Langer, Lawrence L. *Preempting the Holocaust*. New Haven and London: Yale UP, 1998.

Lázara, Juan Antonio. "Adolfo Bioy padre, un valioso y desconocido escritor." *Homenaje a Bioy Casares*, 14.

Lazo, Raimundo. "Ensayo preliminar". *Facundo. Civilización y barbarie*. By Domingo F. Sarmiento. México.D.F.: Editorial Porrúa, 1991.

Leon, Abram. *The Jewish Question. A Marxist Interpretation*. New York: Pathfinder Press, 1970.

Levinas, Emmanuel. *Difficult Freedom. Essays on Judaism*. Trans. Sean Hand. Baltimore: The Johns Hopkins UP, 1990.

Levine, Suzanne Jill. "Adolfo Bioy Casares y Jorge Luis Borges: la utopía como texto." *Revista Iberoamericana* 43 (1977): 415–432.

———. *Guía de Adolfo Bioy Casares*. Madrid: Espiral/Fundamentos, 1982.

Lewin, Boleslao. *Cómo fue la inmigración judía en la Argentina*. Buenos Aires: Plus Ultra, 1971.

Lewisohn, Ludwig, ed. *Theodor Herzl. A Portrait for this Age*. Cleveland and New York: The World Publishing Company, 1955.

Liacho, Lázaro. *Alberto Gerchunoff*. Buenos Aires: Francisco A. Colombo, 1975.

Lindstrom, Naomi. Jewish Issues in Argentine Literature. From Gerchunoff to Szichman. Columbia: U of Missouri P, 1989.

———. "Los gauchos judíos: The Rhapsodic Evocation of a Jewish New World." *Romance Quarterly* 33(2) (May 1986): 231–235.

———. *The Social Conscience of Latin American Writing*. Austin: University of Texas Press, 1998.

———. *Women's Voice in Latin American Literature*. Washington, DC: Three Continents Press, 1989.

Lorente-Murphy, Silvia. "Aproximación a una definición del proceso militar en Argentina: Soriano, Viñas,Valenzuela." *Confluencia: Revista Hispánica de Cultura y Literatura* 10(2) (Spring 1995): 94–103.

Loureiro, Angel. "Autobiografía: el rehén singular y la oreja invisible." *Mujeres, sociedad y escritura en los textos autobiográficos femeninos de América Latina*. Ed. Márgara Russotto. Caracas: Universidad central de Venezuela, forthcoming 2001.

———. "Direcciones en la teoría de la autobiografía." Romera Castillo 33–46.

Luna, Félix. *Breve historia de los argentinos*. Buenos Aires: Planeta, 1994.

———. *El 45*. Buenos Aires: Editorial Sudamericana, 1984.

———. *Historia integral de la Argentina*. 10 vols. Buenos Aires: Planeta, 1997.

———. *Perón y su tiempo*. 3 vols. Buenos Aires: Editorial Sudamericana, 1985.

Martel, Julián. *La bolsa*. Buenos Aires: Editorial de Belgrano, 1981.

Martin, Luther H., Huck Gutman, and Patrick H. Hutton, eds. *Technologies of the Self*. Amherst: The U of Massachusetts P, 1988.

Martin, Rux. "Truth, Power, Self: An Interview with Michel Foucault." Martin, Gutman, and Hutton 9–15.

Martín, Salustiano. "Hacia una tipología de las estructuras de instancia enunciativa en la escritura autobiográfica." Romera Castillo 289–294.

Martínez, Tomás Eloy. "Osvaldo Soriano." *Suplemento Literario La Nación* (febrero 9, 1997): 1–2.

Martino, Daniel, comp. and ed. ABC de Adolfo Bioy Casares. Reflexiones y observaciones tomadas de su obra. Buenos Aires: Emecé Editores, 1989.

Matamoro, Blas. *Oligarquía y literatura*. Buenos Aires: Ediciones del Sol, 1975.

Mathieu, Corina S. "La realidad tragicómica de Osvaldo Soriano." *Chasqui: Revista de Literatura Latinoamericana* 17:1 (1988 May): 85–91.

Memmi, Albert. *Portrait of a Jew*. New York: The Orion Press, 1962.

———. *The Liberation of the Jew*. New York: The Orion Press, 1966.

Merkx, Gilbert W. "Jewish Studies as a Subject of Latin American Studies". Elkin, Judith Laikin and Gilbert W. Merkx, eds. 3–10.

Metz, Allan. Leopoldo Lugones y los judíos. Las contradicciones del nacionalismo argentino. Buenos Aires: Editorial Milá, 1992.

Meyer, Doris, ed. Lives on the Line. The Testimony of Contemporary Latin American Authors. Berkeley: U of California P, 1988.

Meyer Spacks, Patricia. *Boredom. The Literary History of a State of Mind*. Chicago and London: The U of Chicago P, 1995.

Mirelman Víctor A. Jewish Buenos Aires, 1890–1930. In Search of an Identity. Detroit: Wayne State UP, 1990.

Molloy, Silvia. At Face Value. Autobiographical Writing in Spanish America. Cambridge: Cambridge UP, 1991.

———. "El Teatro de la Lectura: Cuerpo y Libro en Victoria Ocampo." Orbe, 13–30.

Montes, Cristián. "Modalidad contrautópica y subjetividad lírica en *Una sombra ya pronto serás* de Osvaldo Soriano." *Revista Chilena de Literatura* 53 (1998): 67–85.

Mucci, Cristina. "Las reglas del juego." *Suplemento Literario La Nación* (Septiembre 7, 1997): 6.

Mujica, Bárbara. *Books of the Americas*. Washington D.C.: Organization of American States, 1997.

Muñiz Huberman, Angelina. "Exile and Memory in Latin American Jewish Literature." *Yiddish* 12(4)(2001):84–97.

Naharro-Calderón, José María. Entre el exilio y el interior: El 'entresiglo' y Juan Ramón Jiménez. Madrid: Anthropos, 1994.

Nunca más. Buenos Aires: Comisión Nacional para la investigación de los desaparecidos, 1984.

Olney, James. "Algunas versiones de la memoria/Algunas versiones del bios: la ontología de la autobiografía." Trans. Ana M. Dotras. *Suplementos Anthropos* 29 (1991): 33–47.

———. *Memory and Narrative. The Weave of Life-Writing*. Chicago and London: The U of Chicago P, 1998.

Oommen, T.K. Citizenship, Nationality and Ethnicity. Reconciling Competing Identities. Cambridge UK: Polity Press, 1997.

Orbe, Juan, comp. *Autobiografía y escritura*. Buenos Aires: Corregidor, 1994.

Páez, Fito and Rodrigo Fresán. "Una charla entre Bioy, Fito Páez y Rodrigo Fresán." *Homenaje a Bioy Casares*, 30–33.

Pasquini Durán, J.M. "A sus plantas rendido un león." *Radar* (1997). <www.pagina12.com.ar>.

Peralta-Ramos, Mónica. *The Political Economy of Argentina. Power and Class since 1930*. Boulder, San Francisco, Oxford: Westview Press, 1992.

Perilli, Carmen Noemí. "Violencias y delirio histórico en tres novelas argentinas del 80." *Cuadernos Americanos* 259: 2 (1985): 225–231.

Peters, F.E. Greek Philosophical Terms. A Historical Lexicon. New York: New York UP, 1967.

Pichón Riviere, Marcelo. "La historia de su vida: cómo llegaron a gestarse las *Memorias* de Bioy Casares." *Quimera: Revista de Literatura* 127 (1994): 20–25.

Poliakov, León. *The History of Anti-semitism*. London: Elek Books, 1966.

Ponce, Néstor. "Azar y derrota: El fin de las ilusiones en Una sombra ya pronto serás, de Osvaldo Soriano." *Hispamérica: Revista de Literatura* 30(89)(2001):29–41.

Prieto, Adolfo. *La literatura autobiográfica argentina*. Rosario: [Universidad Nacional del Litoral], Instituto de Letras, 1962.

Rabkin, Eric S. "Atavism and Utopia". *No Place Else. Explorations in Utopian and Dystopian Fiction*. Rabkin, Eric S., Martin H. Greenberg and Joseph D. Olander, eds. Carbondale and Edwardsville: Southern Illinois UP, 1983.

Radhakrishnan, R. *Diasporic Mediations. Between Home and Location*. Minneapolis, London: U of Minnesota P, 1996.

Rama, Angel. La riesgosa navegación del escritor exiliado. Montevideo: Arca, 1993.

Refour, Christel. Una identidad judeo argentina. La narrativa de Ricardo Feierstein. Buenos Aires: Editorial Milá, 1992.

Rehrmann, Norbert. "Una aculturación plural indirecta: La herencia sefardita y española en la obra del escritor judío-argentino Alberto Gerchunoff." *Sefarad: Revista de Estudios Hebraicos, Sefaradíes y de Oriente Próximo* 60(2) (2000): 397–416.

Repetto, Carlos. "Autobiografía y escritura. ¿Dos personajes de ficción?" Orbe, Juan 215–222.

Requeni, Antonio. "Alberto Gerchunoff: Compromiso con la libertad." *Suplemento Cultural La Nación*(Febrero 2000):1–2.

Riera, Daniel and Miguel Russo. "De vez en cuando se me ocurre una buena idea". *Homenaje a Bioy*, 6.

Rivara, Carla. "Colonia Vela o la otra historia argentina: Una aproximación a *No habrá mas penas ni olvido* de Héctor Olivera." *Anclajes: Revista del Instituto de Análisis Semiótico del Discurso* 4(4) (December 2000): 131–142.

Roffé, Reina. "Entrevista con Adolfo Bioy Casares." *Cuadernos Hispanoamericanos* 609 (March 2001): 35–43.

Rojas, Ricardo. *El pensamiento vivo de Sarmiento*. Buenos Aires: Editorial Losada, 1941.

———. *La restauración nacionalista*. Buenos Aires: Librería "La Facultad", 1922 [1909].

Rol, Ruud van der and Rian Verhoeven. *Anne Frank. Beyond the Diary. A Photographic Remembrance*. New York: Viking Penguin Books, 1993.

Romera Castillo, José, ed. Escritura autobiográfica: Actas del II seminario internacional del Instituto de Semiótica literaria y teatral. Madrid: Visor, 1993.

Rosa, Nicolás, ed. *La crítica literaria contemporánea. Antología*. Buenos Aires: Centro Editor de América Latina, 1981.

Rosenstein, Perla, comp. *Escritos periodísticos de Alberto Gerchunoff.* Buenos Aires: Libreros y Editores del Polígono, 1983.

———. comp. *Ricardo Rojas y el tema judío*. Buenos Aires: Libreros y Editores del Polígono, 1983.

Rotker, Susana. "Entre la transgresión, la identidad y la alienación". *Ensayos sobre judaísmo latinoamercano. Congreso internacional de investigadores sobre judaísmo latinoamercano*. Buenos Aires: Editorial Milá, 1990. 301–315.

Rozitchner, León. "El índice de la inhumanidad de lo humano". *Encuentro* (1986): 79–83.

———. *Ser judío*. Buenos Aires: Ediciones de la Flor, 1967.

Rubio, Patricia. "Los discursos de la memoria en la prosa de Marjorie Agosín." *Taller de Letras* 25(1997): 77–90.

Ruppert, Peter. Reader in a Strange Land. The Activity of Reading Literary Utopias. Athens and London: The U of Georgia P, 1986.

Russo, Miguel and Sergio Ranieri. "Si la muerte dependiera de uno, firmaría un contrato de inmortalidad." *Homenaje a Bioy*, 10–13.

Sadow, Stephen. "A Jewish Gaucho." King David's Harp: Autobiographical Essays by Jewish Latin American Writers. Albuquerque: U of New Mexico P, 1999.

Said, Edward W. *Representations of the Intellectual*. New York: Random House, 1996.

Salgado Gordon, Maggi. "Alberto Gerchunoff and the 'Bridge' on the River Plate." *Hispania* 75 (1992): 287–93.

———. "Alberto Gerchunoff and Samuel Eichelbaum: Two Literary Reflections on Judeo-Argentinidad." PH D. Diss. U of Maryland, 1981.

Sarlo, Beatriz. "La perspectiva americana en los primeros años de *Sur*." Altamirano, Carlos y Beatriz Sarlo, eds. 261–268.

Sarmiento, Domingo F. *Facundo. Civilización y barbarie*. México.D.F.: Editorial Porrúa, 1991.

———. *Recuerdos de provincia*. Buenos Aires: Emecé Editores, 1998.

Sartre, Jean Paul. *Anti-Semite and Jew*. New York: Schocken Books, 1948.

Schers, David. "Culture, Identity, and Community". Elkin, Judith Laikin and Gilbert W. Merkx, eds. 255–296.

Scobie, James R. *Argentina. A City and a Nation*. New York: Oxford UP, 1971.

Sebreli, Juan José. *Buenos Aires, vida cotidiana y alienación*. Buenos Aires: Ediciones Siglo XX, 1966.

———. *El asedio a la modernidad*. Buenos Aires: Editorial Sudamericana, 1992.

———. *La cuestión judía en la Argentina*. Buenos Aires: Editorial Tiempo Contemporáneo, 1968.

———. *Los deseos imaginarios del peronismo*. Buenos Aires: Editorial Legasa, 1983.

Senkman, Leonardo. "Dos dilemas básicos". *Encuentro* (1986): 49–52.

———. "Exilio y literatura judía en Argentina". *Encuentro* (1986): 85–93.

———. *El periodismo judeo-argentino. Nueva Sion*. Buenos Aires: Centro J.N. Bialik, 1984.

———. "Jewish Latin American Writers and Collective Memory." DiAntonio, Robert and Glickman, Nora, eds. 33–43.

———. *La colonización judía*. Buenos Aires: Centro Editor de América Latina, 1984.

Scheines, Graciela. "Claves para leer a Adolfo Bioy Casares." *Cuadernos Hispanoamericanos* 487 (January 1991): 13–22.

———. "Tres aspectos en la narrativa de Adolfo Bioy Casares." *Estudios de Literatura Argentina* 7(2) (1982): 217–35.

Sheinin, David and Lois Baer Barr, Eds. *The Jewish Diaspora in Latin America*. New York and London: Garland Publishing, Inc.: 1996.

Shua, Ana María. *The Book of Memories*. Trans. Dick Gerdes. Albuquerque: U of New Mexico P, 1998.

Shumway, Nicolas. *The Invention of Argentina*. Berkeley and Los Angeles: U of California P, 1991.

Smith, Anthony D.S. *Nationalism in the Twentieth Century*. New York: New York UP, 1979.

Snook, Margaret L. In Search of Self. Gender and Identity in Bioy Casares's Fantastic Fiction. New York: Peter Lang Publishing Inc., 1998.

Sofer, Eugene F. From Pale to Pampa. A Social History of the Jews of Buenos Aires. New York: Holmes and Meier, 1981.

Solberg, Carl. Immigration and Nationalism. Argentina and Chile, 1890–1914. Austin: U of Texas P, 1970.

Solé, Carlos A. "Lenguaje y nacionalismo en la Argentina". *Language and Language Use. Studies in Spanish*. Eds. Morgan, Terrell A., James F. Lee, and Bill VanPatten. New York: UP of America, 1987.

Sommer, Doris. The Places of History. Regionalism Revisited in Latin America. Durham and London: Duke UP, 1999.

Soriano, Osvaldo. "El más perdurable." *Homenaje a Bioy Casares*, 15.

———. "Memorias del Míster Peregrino Fernández. Algunas lecciones." *Radar* (1996). <www.pagina12.com.ar>

Sorrentino, Fernando. *Siete Conversaciones con Adolfo Bioy Casares*. Buenos Aires: Editorial Sudamericana, 1992,

Sosnowski, Saúl. "Entrevistas. Adolfo Bioy Casares." *Hispamérica: Revista de Literatura* 25(75) (1996): 49–59.

———. La orilla inminente. Escritores judíos argentinos. Buenos Aires: Editorial Legasa, 1987.

———. "Latin American Jewish Writers: A Bridge Towards History." *Prooftexts-A Journal of Jewish Literary History* 9 (1989): 71–92.

———. "Sobre el inquietante y definitorio guión del escritor judeo-latinoamericano". *Encuentro* (1986): 31–43.

———. comp. *Represión, exilio y democracia. La cultura uruguaya*. Montevideo: Ediciones de la Banda Oriental, 1987.

——— comp. Represión y reconstrucción de una cultura: el caso argentino. Buenos Aires: Eudeba, 1988.

Soumerou, Raúl. "Crónica de la derrota con honra: Tres novelas de Osvaldo Soriano: *Triste, solitario y final; No habrá más penas ni olvido; Cuarteles de invierno*." *Cahiers d'Etudes Romanes* 16 (1990): 77–98.

Spahr, Adriana Margarita. "Historia y ficción en tres obras de Osvaldo Soriano." PH.D. Diss. U of Toronto, 2001.

Sprigge, T.L.S. "Spinoza, Baruch." *The Oxford Companion to Philosophy.* Ed. Ted Honderich. Oxford, New York: Oxford UP, 1995.

Spitzer, Leo. Hotel Bolivia. The Culture of Memory in a Refuge from Nazism. New York: Farrar, Straus and Giroux, 1998.

Stavans, Ilán. "Alberto Gerchunoff and the Jewish Writer in Argentina." *Prooftexts-A Journal of Jewish Literary History* 9 (1989): 184–94.

Steimberg, Alicia. *Musicians and Watchmakers.* Trans. Andrea Labinger. Pittsburgh: Latin American Literary Review Press, 1998.

Swanson, Philip, ed. *Landmarks in Modern Latin American Fiction.* London and New York: Routledge, 1990.

Tabori, Paul. The Anatomy of Exile. A Semantic and Historical Study. London: Harrap, 1972.

Taylor, J.M. *Eva Perón. The Myths of a Woman.* Chicago: The U of Chicago P, 1979.

Timerman, Jacobo. *Preso sin nombre, Celda sin número.* New York: Random Editores, 1981.

Torres Fierro, Danubio. "La fama: pérdidas y ganancias. Conversación con Adolfo Bioy Casares." *Vuelta* 15(177) (1991): 66–68.

———. "Las utopías pesimistas de Adolfo Bioy Casares." *Plural: Crítica, Arte, Literatura* 55 (1976): 47–53.

Ulla, Noemí. Aventuras de la imaginación -de la vida y los libros de Adolfo Bioy Casares-. Conversaciones de Adolfo Bioy Casares con Noemí Ulla. Buenos Aires: Corregidor, 1990.

———. "Los Bioy." *Cuadernos Hispanoamericanos* 609 (March 2001): 53–55.

Villalobos, Juan Manuel. "Conversaciones con Adolfo Bioy Casares." *Cuadernos Hispanoamericanos* 609 (March 2001): 45–52.

Villanueva, Darío. "Realidad y ficción: la paradoja de la autobiografía." Romera Castillo 15–31.

Villordo, Oscar Hermes. *Genio y figura de Adolfo Bioy Casares.* Buenos Aires: Editorial Universitaria de Buenos Aires, 1983.

———. "Un estilo cuidado, vigilado, eficaz, suma de la naturalidad y la elegancia." *Homenaje a Bioy Casares,* 28–29.

Viñas, David. *Literatura argentina y realidad política.* 3 vols. Buenos Aires: Ediciones Siglo Veinte, 1996.

Walden, Daniel. "Reflections on Columbus' Medine: the Myth and the Reality of the Jewish Immigrants's New World, 1880–1915." *Modern Jewish Studies* 5 (1984): 5–13.

Weinstein, Ana E. and Miryam E. Gover de Nasatsky. *Escritores judeo-argentinos. Bibliografía 1900–1987.* 2 vols. Buenos Aires: Editorial Milá, 1994.

Weisbrode, Kenneth. Spiritual Nationalism and Politics in Argentina 1900–1912: A Critical Interpretation. Amherst: U of Massachusetts P, 1991.

White, Hayden. Metahistory. The Historical Imagination in Nineteenth-Century Europe. Baltimore: The Johns Hopkins UP, 1973.

———. Tropics of Discourse. Essays in Cultural Criticism. Baltimore: The Johns Hopkins UP, 1978.

Wiesel, Elie. *From the Kingdom of Memory.* New York: Summit Books, 1990.

Wirth-Nesher, Hana, ed. *What is Jewish Literature?* Philadelphia, Jerusalem: The Jewish Publication Society, 1994.

Wisnieswski, Walli Ann. "Bearing Witness: The Holocaust in the Works of Marjorie Agosín, Jorge Luis Borges, José Kozer, Alicia Partnoy and Jacobo Timerman." PH.D. Diss.: Pennsylvania State U, 2002.

Woods, Richard Donovon. *Mexican Autobiography / La autobiografía mexicana*. New York: Greenwood Press, 1988.

Wright, Thomas C. "Legacy of Dictatorship: Works on Chilean Diaspora". *Latin American Research Review* 30:3(1995): 198–209.

Young, George F.W. *The Germans in Chile. Immigration and Colonization, 1849–1914*. New York: Center for Migration Studies, 1974.

Yudkin, Leon Israel. *Jewish Writing and Identity*. New York: St. Martin's Press, 1982.

Zaldívar, María Inés. "El viaje Triste, solitario y final del periodista argentino Osvaldo Soriano a la ciudad de Los Angeles en Estados Unidos de Norteamérica." *Hispamérica: Revista de Literatura*(83)(August 1999): 17–31.

Currents in Comparative Romance Languages and Literatures

This series was founded in 1987, and actively solicits book-length manuscripts (approximately 200–400 pages) that treat aspects of Romance languages and literatures. Originally established for works dealing with two or more Romance literatures, the series has broadened its horizons and now includes studies on themes within a single literature or between different literatures, civilizations, art, music, film and social movements, as well as comparative linguistics. Studies on individual writers with an influence on other literatures/civilizations are also welcome. We entertain a variety of approaches and formats, provided the scholarship and methodology are appropriate.

For additional information about the series or for the submission of manuscripts, please contact:

Tamara Alvarez-Detrell and Michael G. Paulson
c/o Dr. Heidi Burns
Peter Lang Publishing, Inc.
P.O. Box 1246
Bel Air, MD 21014-1246

To order other books in this series, please contact our Customer Service Department:

800-770-LANG (within the U.S.)
212-647-7706 (outside the U.S.)
212-647-7707 FAX

or browse online by series at:

www.peterlangusa.com